财务会计分岗实训专用账簿

吴向阳　刘　燕　主　编
张　玉　王永刚　副主编

学　　院：________________

专　　业：________________

学　　号：________________

姓　　名：________________

启用日期：________________

立信会计出版社
LIXIN ACCOUNTING PUBLISHING HOUSE

图书在版编目(CIP)数据

财务会计分岗实训专用账簿 / 吴向阳，刘燕主编
. —上海：立信会计出版社，2023.10
ISBN 978-7-5429-7449-5

Ⅰ. ①财… Ⅱ. ①吴… ②刘… Ⅲ. ①财务会计
Ⅳ. ①F234.4

中国国家版本馆 CIP 数据核字(2023)第 203608 号

策划编辑　郭　光
责任编辑　郭　光
助理编辑　张若凡
美术编辑　吴博闻

财务会计分岗实训专用账簿

CAIWU KUAIJI FENGANG SHIXUN ZHUANYONG ZHANGBU

出版发行　立信会计出版社
地　　址　上海市中山西路 2230 号　　邮政编码　200235
电　　话　(021)64411389　　传　　真　(021)64411325
网　　址　www.lixinaph.com　　电子邮箱　lixinaph2019@126.com
网上书店　http://lixin.jd.com　　http://lxkjcbs.tmall.com
经　　销　各地新华书店

印　　刷　常熟市人民印刷有限公司
开　　本　787 毫米×1092 毫米　1/16
印　　张　15.5
字　　数　390 千字
版　　次　2023 年 10 月第 1 版
印　　次　2023 年 10 月第 1 次
书　　号　ISBN 978-7-5429-7449-5/F
定　　价　42.00 元

前　　言

为突出实践教学在人才培养过程中的作用，帮助学生实现理论学习与实践操作衔接的“零距离”，编者根据多年会计理论教学与实践教学的经验，以企业真实经济业务为载体，编写了《财务会计分岗实训》，力争做到实训方式岗位化、实训内容任务化和能力目标职业化。

本书为《财务会计分岗实训》的专用配套账簿，书稿采用集成的方式将财务会计实训中涉及的库存现金日记账、银行存款日记账、总账、三栏式明细账、多栏式明细账、数量金额式明细账、固定资产明细账和应交税费明细账有机结合，还加入了科目汇总表、资产负债表和利润表等资料。学生最终根据教材中的业务，填制此账簿，作为实训的最终成果。

本书具有以下特点：

（1）减轻教师采购工作量。本书整合了以往教学中需要零星采购的记账凭证及相关账簿，将采购工作简化，减轻了教务部门和任课教师采购的工作量。

（2）环保节约，降低学生经济负担。本书采用合订方式，并对总账和三栏式明细账进行了调整，不仅节省用纸、利于环保，也降低了学生的经济负担。

（3）便于档案保管。本书采用合订的方式，实训过程中能够有效避免学生丢失账页；实训课程结束后，教师可以直接将账簿进行存档，可有效减少账簿的整理和装订工作，便于实训资料的归档和保管。

本书由吴向阳、刘燕、张玉、王永刚、孔令一等编写。编写过程参考和借鉴了大量相关实训成果，得到了立信会计出版社的大力支持，在此表示诚挚谢意！由于作者水平有限，本书内容难免有疏漏之处，恳请读者提出改进意见，以便我们进一步修订和完善。

编者

2023 年 9 月

目　录

项目一　出纳岗位会计实训

一、库存现金日记账
二、银行存款日记账
三、总分类账

一、库存现金日记账

库存现金日记账

年		凭证号数	对方科目	摘　　要	✓	收入（借方）金额												付出（贷方）金额												结余金额											
月	日					十	亿	千	百	十	万	千	百	十	元	角	分	十	亿	千	百	十	万	千	百	十	元	角	分	十	亿	千	百	十	万	千	百	十	元	角	分

库存现金日记账

年		凭证号数	对方科目	摘　　要	√	收入（借方）金额												付出（贷方）金额												结余金额											
月	日					十	亿	千	百	十	万	千	百	十	元	角	分	十	亿	千	百	十	万	千	百	十	元	角	分	十	亿	千	百	十	万	千	百	十	元	角	分

二、银行存款日记账

银行存款日记账

年		凭证号数	对方科目	摘要	✓	收入（借方）金额												付出（贷方）金额												结余金额											
月	日					十	亿	千	百	十	万	千	百	十	元	角	分	十	亿	千	百	十	万	千	百	十	元	角	分	十	亿	千	百	十	万	千	百	十	元	角	分

银行存款日记账

年		凭证号数	对方科目	摘要	✓	收入(借方)金额												付出(贷方)金额												结余金额											
月	日					十	亿	千	百	十	万	千	百	十	元	角	分	十	亿	千	百	十	万	千	百	十	元	角	分	十	亿	千	百	十	万	千	百	十	元	角	分

三、总分类账

年		凭证号数	摘要	✓	借方											贷方											借或贷	余额										
月	日				亿	千	百	十	万	千	百	十	元	角	分	亿	千	百	十	万	千	百	十	元	角	分		亿	千	百	十	万	千	百	十	元	角	分

年		凭证号数	摘要	✓	借方											贷方											借或贷	余额										
月	日				亿	千	百	十	万	千	百	十	元	角	分	亿	千	百	十	万	千	百	十	元	角	分		亿	千	百	十	万	千	百	十	元	角	分

年		凭证号数	摘要	✓	借方											贷方											借或贷	余额										
月	日				亿	千	百	十	万	千	百	十	元	角	分	亿	千	百	十	万	千	百	十	元	角	分		亿	千	百	十	万	千	百	十	元	角	分

项目二　往来核算岗位会计实训

一、三栏式明细账

二、总分类账

一、三栏式明细账

级科目编号及名称

级科目编号及名称

年		凭证		摘要	对方科目	日页	借方金额											√	贷方金额											√	借或贷	余额											√
月	日	种类	号数				亿	千	百	十	万	千	百	十	元	角	分		亿	千	百	十	万	千	百	十	元	角	分			亿	千	百	十	万	千	百	十	元	角	分	

级科目编号及名称

级科目编号及名称

年		凭证		摘要	对方科目	日页	借方金额											√	贷方金额											√	借或贷	余额											√
月	日	种类	号数				亿	千	百	十	万	千	百	十	元	角	分		亿	千	百	十	万	千	百	十	元	角	分			亿	千	百	十	万	千	百	十	元	角	分	

级科目编号及名称

级科目编号及名称

年		凭证		摘要	对方科目	日页	借方金额											✓	贷方金额											✓	借或贷	余额											✓
月	日	种类	号数				亿	千	百	十	万	千	百	十	元	角	分		亿	千	百	十	万	千	百	十	元	角	分			亿	千	百	十	万	千	百	十	元	角	分	

级科目编号及名称

级科目编号及名称

年		凭证		摘要	对方科目	日页	借方金额											✓	贷方金额											✓	借或贷	余额											✓
月	日	种类	号数				亿	千	百	十	万	千	百	十	元	角	分		亿	千	百	十	万	千	百	十	元	角	分			亿	千	百	十	万	千	百	十	元	角	分	

级科目编号及名称

级科目编号及名称

年		凭证		摘要	对方科目	日页	借方金额											✓	贷方金额											✓	借或贷	余额											✓
月	日	种类	号数				亿	千	百	十	万	千	百	十	元	角	分		亿	千	百	十	万	千	百	十	元	角	分			亿	千	百	十	万	千	百	十	元	角	分	

级科目编号及名称

级科目编号及名称

年		凭证		摘要	对方科目	日页	借方金额											✓	贷方金额											✓	借或贷	余额											✓
月	日	种类	号数				亿	千	百	十	万	千	百	十	元	角	分		亿	千	百	十	万	千	百	十	元	角	分			亿	千	百	十	万	千	百	十	元	角	分	

级科目编号及名称
级科目编号及名称

年		凭证		摘要	对方科目	日页	借方金额											✓	贷方金额											✓	借或贷	余额											✓
月	日	种类	号数				亿	千	百	十	万	千	百	十	元	角	分		亿	千	百	十	万	千	百	十	元	角	分			亿	千	百	十	万	千	百	十	元	角	分	

级科目编号及名称
级科目编号及名称

年		凭证		摘要	对方科目	日页	借方金额											✓	贷方金额											✓	借或贷	余额											✓
月	日	种类	号数				亿	千	百	十	万	千	百	十	元	角	分		亿	千	百	十	万	千	百	十	元	角	分			亿	千	百	十	万	千	百	十	元	角	分	

级科目编号及名称

级科目编号及名称

年		凭证		摘要	对方科目	日页	借方金额											✓	贷方金额											✓	借或贷	余额											✓
月	日	种类	号数				亿	千	百	十	万	千	百	十	元	角	分		亿	千	百	十	万	千	百	十	元	角	分			亿	千	百	十	万	千	百	十	元	角	分	

级科目编号及名称

级科目编号及名称

年		凭证		摘要	对方科目	日页	借方金额											✓	贷方金额											✓	借或贷	余额											✓
月	日	种类	号数				亿	千	百	十	万	千	百	十	元	角	分		亿	千	百	十	万	千	百	十	元	角	分			亿	千	百	十	万	千	百	十	元	角	分	

级科目编号及名称

级科目编号及名称

年		凭证		摘要	对方科目	日页	借方金额											✓	贷方金额											✓	借或贷	余额											✓
月	日	种类	号数				亿	千	百	十	万	千	百	十	元	角	分		亿	千	百	十	万	千	百	十	元	角	分			亿	千	百	十	万	千	百	十	元	角	分	

级科目编号及名称

级科目编号及名称

年		凭证		摘要	对方科目	日页	借方金额											✓	贷方金额											✓	借或贷	余额											✓
月	日	种类	号数				亿	千	百	十	万	千	百	十	元	角	分		亿	千	百	十	万	千	百	十	元	角	分			亿	千	百	十	万	千	百	十	元	角	分	

级科目编号及名称
级科目编号及名称

年		凭证		摘要	对方科目	日页	借方金额											✓	贷方金额											✓	借或贷	余额											✓
月	日	种类	号数				亿	千	百	十	万	千	百	十	元	角	分		亿	千	百	十	万	千	百	十	元	角	分			亿	千	百	十	万	千	百	十	元	角	分	

级科目编号及名称
级科目编号及名称

年		凭证		摘要	对方科目	日页	借方金额											✓	贷方金额											✓	借或贷	余额											✓
月	日	种类	号数				亿	千	百	十	万	千	百	十	元	角	分		亿	千	百	十	万	千	百	十	元	角	分			亿	千	百	十	万	千	百	十	元	角	分	

级科目编号及名称

级科目编号及名称

年		凭证		摘要	对方科目	日页	借方金额											√	贷方金额											√	借或贷	余额											√
月	日	种类	号数				亿	千	百	十	万	千	百	十	元	角	分		亿	千	百	十	万	千	百	十	元	角	分			亿	千	百	十	万	千	百	十	元	角	分	

级科目编号及名称

级科目编号及名称

年		凭证		摘要	对方科目	日页	借方金额											√	贷方金额											√	借或贷	余额											√
月	日	种类	号数				亿	千	百	十	万	千	百	十	元	角	分		亿	千	百	十	万	千	百	十	元	角	分			亿	千	百	十	万	千	百	十	元	角	分	

级科目编号及名称
级科目编号及名称

年		凭证		摘要	对方科目	日页	借方金额											√	贷方金额											√	借或贷	余额											√
月	日	种类	号数				亿	千	百	十	万	千	百	十	元	角	分		亿	千	百	十	万	千	百	十	元	角	分			亿	千	百	十	万	千	百	十	元	角	分	

级科目编号及名称
级科目编号及名称

年		凭证		摘要	对方科目	日页	借方金额											√	贷方金额											√	借或贷	余额											√
月	日	种类	号数				亿	千	百	十	万	千	百	十	元	角	分		亿	千	百	十	万	千	百	十	元	角	分			亿	千	百	十	万	千	百	十	元	角	分	

级科目编号及名称
级科目编号及名称

年		凭证		摘要	对方科目	日页	借方金额											✓	贷方金额											✓	借或贷	余额											✓
月	日	种类	号数				亿	千	百	十	万	千	百	十	元	角	分		亿	千	百	十	万	千	百	十	元	角	分			亿	千	百	十	万	千	百	十	元	角	分	

级科目编号及名称
级科目编号及名称

年		凭证		摘要	对方科目	日页	借方金额											✓	贷方金额											✓	借或贷	余额											✓
月	日	种类	号数				亿	千	百	十	万	千	百	十	元	角	分		亿	千	百	十	万	千	百	十	元	角	分			亿	千	百	十	万	千	百	十	元	角	分	

二、总分类账

年		凭证号数	摘要	✓	借方											贷方											借或贷	余额										
月	日				亿	千	百	十	万	千	百	十	元	角	分	亿	千	百	十	万	千	百	十	元	角	分		亿	千	百	十	万	千	百	十	元	角	分

年		凭证号数	摘要	✓	借方											贷方											借或贷	余额										
月	日				亿	千	百	十	万	千	百	十	元	角	分	亿	千	百	十	万	千	百	十	元	角	分		亿	千	百	十	万	千	百	十	元	角	分

年		凭证号数	摘要	✓	借方											贷方											借或贷	余额										
月	日				亿	千	百	十	万	千	百	十	元	角	分	亿	千	百	十	万	千	百	十	元	角	分		亿	千	百	十	万	千	百	十	元	角	分

年		凭证号数	摘要	✓	借方											贷方											借或贷	余额										
月	日				亿	千	百	十	万	千	百	十	元	角	分	亿	千	百	十	万	千	百	十	元	角	分		亿	千	百	十	万	千	百	十	元	角	分

年		凭证号数	摘要	✓	借方											贷方											借或贷	余额										
月	日				亿	千	百	十	万	千	百	十	元	角	分	亿	千	百	十	万	千	百	十	元	角	分		亿	千	百	十	万	千	百	十	元	角	分

年		凭证号数	摘要	✓	借方											贷方											借或贷	余额										
月	日				亿	千	百	十	万	千	百	十	元	角	分	亿	千	百	十	万	千	百	十	元	角	分		亿	千	百	十	万	千	百	十	元	角	分

年		凭证号数	摘要	✓	借方											贷方											借或贷	余额										
月	日				亿	千	百	十	万	千	百	十	元	角	分	亿	千	百	十	万	千	百	十	元	角	分		亿	千	百	十	万	千	百	十	元	角	分

年		凭证号数	摘要	✓	借方											贷方											借或贷	余额										
月	日				亿	千	百	十	万	千	百	十	元	角	分	亿	千	百	十	万	千	百	十	元	角	分		亿	千	百	十	万	千	百	十	元	角	分

年		凭证号数	摘要	✓	借方											贷方											借或贷	余额										
月	日				亿	千	百	十	万	千	百	十	元	角	分	亿	千	百	十	万	千	百	十	元	角	分		亿	千	百	十	万	千	百	十	元	角	分

年		凭证号数	摘要	✓	借方											贷方											借或贷	余额										
月	日				亿	千	百	十	万	千	百	十	元	角	分	亿	千	百	十	万	千	百	十	元	角	分		亿	千	百	十	万	千	百	十	元	角	分

年		凭证号数	摘要	✓	借方											贷方											借或贷	余额										
月	日				亿	千	百	十	万	千	百	十	元	角	分	亿	千	百	十	万	千	百	十	元	角	分		亿	千	百	十	万	千	百	十	元	角	分

年		凭证号数	摘要	✓	借方											贷方											借或贷	余额										
月	日				亿	千	百	十	万	千	百	十	元	角	分	亿	千	百	十	万	千	百	十	元	角	分		亿	千	百	十	万	千	百	十	元	角	分

年		凭证号数	摘要	✓	借方											贷方											借或贷	余额										
月	日				亿	千	百	十	万	千	百	十	元	角	分	亿	千	百	十	万	千	百	十	元	角	分		亿	千	百	十	万	千	百	十	元	角	分

年		凭证号数	摘要	✓	借方											贷方											借或贷	余额										
月	日				亿	千	百	十	万	千	百	十	元	角	分	亿	千	百	十	万	千	百	十	元	角	分		亿	千	百	十	万	千	百	十	元	角	分

年		凭证号数	摘要	✓	借方											贷方											借或贷	余额										
月	日				亿	千	百	十	万	千	百	十	元	角	分	亿	千	百	十	万	千	百	十	元	角	分		亿	千	百	十	万	千	百	十	元	角	分

年		凭证号数	摘要	✓	借方											贷方											借或贷	余额										
月	日				亿	千	百	十	万	千	百	十	元	角	分	亿	千	百	十	万	千	百	十	元	角	分		亿	千	百	十	万	千	百	十	元	角	分

年		凭证号数	摘要	✓	借方											贷方											借或贷	余额										
月	日				亿	千	百	十	万	千	百	十	元	角	分	亿	千	百	十	万	千	百	十	元	角	分		亿	千	百	十	万	千	百	十	元	角	分

年		凭证号数	摘要	✓	借方											贷方											借或贷	余额										
月	日				亿	千	百	十	万	千	百	十	元	角	分	亿	千	百	十	万	千	百	十	元	角	分		亿	千	百	十	万	千	百	十	元	角	分

年		凭证号数	摘要	✓	借方											贷方											借或贷	余额										
月	日				亿	千	百	十	万	千	百	十	元	角	分	亿	千	百	十	万	千	百	十	元	角	分		亿	千	百	十	万	千	百	十	元	角	分

年		凭证号数	摘要	✓	借方											贷方											借或贷	余额										
月	日				亿	千	百	十	万	千	百	十	元	角	分	亿	千	百	十	万	千	百	十	元	角	分		亿	千	百	十	万	千	百	十	元	角	分

年		凭证号数	摘要	✓	借方											贷方											借或贷	余额										
月	日				亿	千	百	十	万	千	百	十	元	角	分	亿	千	百	十	万	千	百	十	元	角	分		亿	千	百	十	万	千	百	十	元	角	分

年		凭证号数	摘要	✓	借方											贷方											借或贷	余额										
月	日				亿	千	百	十	万	千	百	十	元	角	分	亿	千	百	十	万	千	百	十	元	角	分		亿	千	百	十	万	千	百	十	元	角	分

项目三　投资核算岗位会计实训

一、三栏式明细账
二、总分类账

一、三栏式明细账

级科目编号及名称

级科目编号及名称

年		凭证		摘要	对方科目	日页	借方金额											✓	贷方金额											✓	借或贷	余额											✓
月	日	种类	号数				亿	千	百	十	万	千	百	十	元	角	分		亿	千	百	十	万	千	百	十	元	角	分			亿	千	百	十	万	千	百	十	元	角	分	

级科目编号及名称

级科目编号及名称

年		凭证		摘要	对方科目	日页	借方金额											✓	贷方金额											✓	借或贷	余额											✓
月	日	种类	号数				亿	千	百	十	万	千	百	十	元	角	分		亿	千	百	十	万	千	百	十	元	角	分			亿	千	百	十	万	千	百	十	元	角	分	

______级科目编号及名称______

______级科目编号及名称______

年		凭证		摘要	对方科目	日页	借方金额											✓	贷方金额											✓	借或贷	余额											✓
月	日	种类	号数				亿	千	百	十	万	千	百	十	元	角	分		亿	千	百	十	万	千	百	十	元	角	分			亿	千	百	十	万	千	百	十	元	角	分	

______级科目编号及名称______

______级科目编号及名称______

年		凭证		摘要	对方科目	日页	借方金额											✓	贷方金额											✓	借或贷	余额											✓
月	日	种类	号数				亿	千	百	十	万	千	百	十	元	角	分		亿	千	百	十	万	千	百	十	元	角	分			亿	千	百	十	万	千	百	十	元	角	分	

级科目编号及名称

级科目编号及名称

年		凭证		摘要	对方科目	日页	借方金额											√	贷方金额											√	借或贷	余额											√
月	日	种类	号数				亿	千	百	十	万	千	百	十	元	角	分		亿	千	百	十	万	千	百	十	元	角	分			亿	千	百	十	万	千	百	十	元	角	分	

级科目编号及名称

级科目编号及名称

年		凭证		摘要	对方科目	日页	借方金额											√	贷方金额											√	借或贷	余额											√
月	日	种类	号数				亿	千	百	十	万	千	百	十	元	角	分		亿	千	百	十	万	千	百	十	元	角	分			亿	千	百	十	万	千	百	十	元	角	分	

级科目编号及名称

级科目编号及名称

年		凭证		摘要	对方科目	日页	借方金额											✓	贷方金额											✓	借或贷	余额											✓
月	日	种类	号数				亿	千	百	十	万	千	百	十	元	角	分		亿	千	百	十	万	千	百	十	元	角	分			亿	千	百	十	万	千	百	十	元	角	分	

级科目编号及名称

级科目编号及名称

年		凭证		摘要	对方科目	日页	借方金额											✓	贷方金额											✓	借或贷	余额											✓
月	日	种类	号数				亿	千	百	十	万	千	百	十	元	角	分		亿	千	百	十	万	千	百	十	元	角	分			亿	千	百	十	万	千	百	十	元	角	分	

二、总分类账

年		凭证号数	摘要	✓	借方											贷方											借或贷	余额										
月	日				亿	千	百	十	万	千	百	十	元	角	分	亿	千	百	十	万	千	百	十	元	角	分		亿	千	百	十	万	千	百	十	元	角	分

年		凭证号数	摘要	✓	借方											贷方											借或贷	余额										
月	日				亿	千	百	十	万	千	百	十	元	角	分	亿	千	百	十	万	千	百	十	元	角	分		亿	千	百	十	万	千	百	十	元	角	分

项目四　存货核算岗位会计实训

一、三栏式明细账

二、数量金额式明细账

三、多栏式明细账

四、总分类账

一、三栏式明细账

级科目编号及名称

级科目编号及名称

年		凭证		摘要	对方科目	日页	借方金额											✓	贷方金额											✓	借或贷	余额											✓
月	日	种类	号数				亿	千	百	十	万	千	百	十	元	角	分		亿	千	百	十	万	千	百	十	元	角	分			亿	千	百	十	万	千	百	十	元	角	分	

级科目编号及名称

级科目编号及名称

年		凭证		摘要	对方科目	日页	借方金额											✓	贷方金额											✓	借或贷	余额											✓
月	日	种类	号数				亿	千	百	十	万	千	百	十	元	角	分		亿	千	百	十	万	千	百	十	元	角	分			亿	千	百	十	万	千	百	十	元	角	分	

级科目编号及名称

级科目编号及名称

年		凭证		摘要	对方科目	日页	借方金额											✓	贷方金额											✓	借或贷	余额											✓
月	日	种类	号数				亿	千	百	十	万	千	百	十	元	角	分		亿	千	百	十	万	千	百	十	元	角	分			亿	千	百	十	万	千	百	十	元	角	分	

级科目编号及名称

级科目编号及名称

年		凭证		摘要	对方科目	日页	借方金额											✓	贷方金额											✓	借或贷	余额											✓
月	日	种类	号数				亿	千	百	十	万	千	百	十	元	角	分		亿	千	百	十	万	千	百	十	元	角	分			亿	千	百	十	万	千	百	十	元	角	分	

______级科目编号及名称______
______级科目编号及名称______

年		凭证		摘要	对方科目	日页	借方金额											✓	贷方金额											✓	借或贷	余额											✓
月	日	种类	号数				亿	千	百	十	万	千	百	十	元	角	分		亿	千	百	十	万	千	百	十	元	角	分			亿	千	百	十	万	千	百	十	元	角	分	

______级科目编号及名称______
______级科目编号及名称______

年		凭证		摘要	对方科目	日页	借方金额											✓	贷方金额											✓	借或贷	余额											✓
月	日	种类	号数				亿	千	百	十	万	千	百	十	元	角	分		亿	千	百	十	万	千	百	十	元	角	分			亿	千	百	十	万	千	百	十	元	角	分	

级科目编号及名称
级科目编号及名称

年		凭证		摘要	对方科目	日页	借方金额											√	贷方金额											√	借或贷	余额											√
月	日	种类	号数				亿	千	百	十	万	千	百	十	元	角	分		亿	千	百	十	万	千	百	十	元	角	分			亿	千	百	十	万	千	百	十	元	角	分	

级科目编号及名称
级科目编号及名称

年		凭证		摘要	对方科目	日页	借方金额											√	贷方金额											√	借或贷	余额											√
月	日	种类	号数				亿	千	百	十	万	千	百	十	元	角	分		亿	千	百	十	万	千	百	十	元	角	分			亿	千	百	十	万	千	百	十	元	角	分	

级科目编号及名称

级科目编号及名称

年		凭证		摘要	对方科目	日页	借方金额											√	贷方金额											√	借或贷	余额											√
月	日	种类	号数				亿	千	百	十	万	千	百	十	元	角	分		亿	千	百	十	万	千	百	十	元	角	分			亿	千	百	十	万	千	百	十	元	角	分	

级科目编号及名称

级科目编号及名称

年		凭证		摘要	对方科目	日页	借方金额											√	贷方金额											√	借或贷	余额											√
月	日	种类	号数				亿	千	百	十	万	千	百	十	元	角	分		亿	千	百	十	万	千	百	十	元	角	分			亿	千	百	十	万	千	百	十	元	角	分	

级科目编号及名称
级科目编号及名称

年		凭证		摘要	对方科目	日页	借方金额											✓	贷方金额											✓	借或贷	余额											✓
月	日	种类	号数				亿	千	百	十	万	千	百	十	元	角	分		亿	千	百	十	万	千	百	十	元	角	分			亿	千	百	十	万	千	百	十	元	角	分	

级科目编号及名称
级科目编号及名称

年		凭证		摘要	对方科目	日页	借方金额											✓	贷方金额											✓	借或贷	余额											✓
月	日	种类	号数				亿	千	百	十	万	千	百	十	元	角	分		亿	千	百	十	万	千	百	十	元	角	分			亿	千	百	十	万	千	百	十	元	角	分	

级科目编号及名称
级科目编号及名称

年		凭证		摘要	对方科目	日页	借方金额											√	贷方金额											√	借或贷	余额											√
月	日	种类	号数				亿	千	百	十	万	千	百	十	元	角	分		亿	千	百	十	万	千	百	十	元	角	分			亿	千	百	十	万	千	百	十	元	角	分	

级科目编号及名称
级科目编号及名称

年		凭证		摘要	对方科目	日页	借方金额											√	贷方金额											√	借或贷	余额											√
月	日	种类	号数				亿	千	百	十	万	千	百	十	元	角	分		亿	千	百	十	万	千	百	十	元	角	分			亿	千	百	十	万	千	百	十	元	角	分	

级科目编号及名称
级科目编号及名称

年		凭证		摘要	对方科目	日页	借方金额											✓	贷方金额											✓	借或贷	余额											✓
月	日	种类	号数				亿	千	百	十	万	千	百	十	元	角	分		亿	千	百	十	万	千	百	十	元	角	分			亿	千	百	十	万	千	百	十	元	角	分	

级科目编号及名称
级科目编号及名称

年		凭证		摘要	对方科目	日页	借方金额											✓	贷方金额											✓	借或贷	余额											✓
月	日	种类	号数				亿	千	百	十	万	千	百	十	元	角	分		亿	千	百	十	万	千	百	十	元	角	分			亿	千	百	十	万	千	百	十	元	角	分	

______级科目编号及名称______

______级科目编号及名称______

年		凭证		摘　要	对方科目	日页	借方金额											✓	贷方金额											✓	借或贷	余额											✓
月	日	种类	号数				亿	千	百	十	万	千	百	十	元	角	分		亿	千	百	十	万	千	百	十	元	角	分			亿	千	百	十	万	千	百	十	元	角	分	

______级科目编号及名称______

______级科目编号及名称______

年		凭证		摘　要	对方科目	日页	借方金额											✓	贷方金额											✓	借或贷	余额											✓
月	日	种类	号数				亿	千	百	十	万	千	百	十	元	角	分		亿	千	百	十	万	千	百	十	元	角	分			亿	千	百	十	万	千	百	十	元	角	分	

级科目编号及名称
级科目编号及名称

年		凭证		摘要	对方科目	日页	借方金额											√	贷方金额											√	借或贷	余额											√
月	日	种类	号数				亿	千	百	十	万	千	百	十	元	角	分		亿	千	百	十	万	千	百	十	元	角	分			亿	千	百	十	万	千	百	十	元	角	分	

级科目编号及名称
级科目编号及名称

年		凭证		摘要	对方科目	日页	借方金额											√	贷方金额											√	借或贷	余额											√
月	日	种类	号数				亿	千	百	十	万	千	百	十	元	角	分		亿	千	百	十	万	千	百	十	元	角	分			亿	千	百	十	万	千	百	十	元	角	分	

二、数量金额式明细账

级科目编号及名称

年		凭证		摘要	借方												贷方												结存											
					数量	单价	金额										数量	单价	金额										数量	单价	金额									
月	日	种类	号数				千	百	十	万	千	百	十	元	角	分			千	百	十	万	千	百	十	元	角	分			千	百	十	万	千	百	十	元	角	分

级科目编号及名称

年		凭证		摘要	借方												贷方												结存											
					数量	单价	金额										数量	单价	金额										数量	单价	金额									
月	日	种类	号数				千	百	十	万	千	百	十	元	角	分			千	百	十	万	千	百	十	元	角	分			千	百	十	万	千	百	十	元	角	分

级科目编号及名称

年		凭证		摘要	借方												贷方												结存											
月	日	种类	号数		数量	单价	金额										数量	单价	金额										数量	单价	金额									
							千	百	十	万	千	百	十	元	角	分			千	百	十	万	千	百	十	元	角	分			千	百	十	万	千	百	十	元	角	分

级科目编号及名称

年		凭证		摘要	借方												贷方												结存											
月	日	种类	号数		数量	单价	金额										数量	单价	金额										数量	单价	金额									
							千	百	十	万	千	百	十	元	角	分			千	百	十	万	千	百	十	元	角	分			千	百	十	万	千	百	十	元	角	分

______级科目编号及名称______

年		凭证		摘要	借方												贷方												结存											
					数量	单价	金额										数量	单价	金额										数量	单价	金额									
月	日	种类	号数				千	百	十	万	千	百	十	元	角	分			千	百	十	万	千	百	十	元	角	分			千	百	十	万	千	百	十	元	角	分

______级科目编号及名称______

年		凭证		摘要	借方												贷方												结存											
					数量	单价	金额										数量	单价	金额										数量	单价	金额									
月	日	种类	号数				千	百	十	万	千	百	十	元	角	分			千	百	十	万	千	百	十	元	角	分			千	百	十	万	千	百	十	元	角	分

级科目编号及名称

年		凭证		摘要	借方												贷方												结存											
					数量	单价	金额										数量	单价	金额										数量	单价	金额									
月	日	种类	号数				千	百	十	万	千	百	十	元	角	分			千	百	十	万	千	百	十	元	角	分			千	百	十	万	千	百	十	元	角	分

级科目编号及名称

年		凭证		摘要	借方												贷方												结存											
					数量	单价	金额										数量	单价	金额										数量	单价	金额									
月	日	种类	号数				千	百	十	万	千	百	十	元	角	分			千	百	十	万	千	百	十	元	角	分			千	百	十	万	千	百	十	元	角	分

______________________ ______级科目编号及名称______________

年		凭证		摘要	借方												贷方												结存											
月	日	种类	号数		数量	单价	金额										数量	单价	金额										数量	单价	金额									
							千	百	十	万	千	百	十	元	角	分			千	百	十	万	千	百	十	元	角	分			千	百	十	万	千	百	十	元	角	分

______________________ ______级科目编号及名称______________

年		凭证		摘要	借方												贷方												结存											
月	日	种类	号数		数量	单价	金额										数量	单价	金额										数量	单价	金额									
							千	百	十	万	千	百	十	元	角	分			千	百	十	万	千	百	十	元	角	分			千	百	十	万	千	百	十	元	角	分

________级科目编号及名称________

年		凭证		摘要	借方												贷方												结存											
					数量	单价	金额										数量	单价	金额										数量	单价	金额									
月	日	种类	号数				千	百	十	万	千	百	十	元	角	分			千	百	十	万	千	百	十	元	角	分			千	百	十	万	千	百	十	元	角	分

________级科目编号及名称________

年		凭证		摘要	借方												贷方												结存											
					数量	单价	金额										数量	单价	金额										数量	单价	金额									
月	日	种类	号数				千	百	十	万	千	百	十	元	角	分			千	百	十	万	千	百	十	元	角	分			千	百	十	万	千	百	十	元	角	分

级科目编号及名称

年		凭证		摘要	借方												贷方												结存											
月	日	种类	号数		数量	单价	金额										数量	单价	金额										数量	单价	金额									
							千	百	十	万	千	百	十	元	角	分			千	百	十	万	千	百	十	元	角	分			千	百	十	万	千	百	十	元	角	分

级科目编号及名称

年		凭证		摘要	借方												贷方												结存											
月	日	种类	号数		数量	单价	金额										数量	单价	金额										数量	单价	金额									
							千	百	十	万	千	百	十	元	角	分			千	百	十	万	千	百	十	元	角	分			千	百	十	万	千	百	十	元	角	分

级科目编号及名称

年		凭证		摘要	借方												贷方												结存											
					数量	单价	金额										数量	单价	金额										数量	单价	金额									
月	日	种类	号数				千	百	十	万	千	百	十	元	角	分			千	百	十	万	千	百	十	元	角	分			千	百	十	万	千	百	十	元	角	分

级科目编号及名称

年		凭证		摘要	借方												贷方												结存											
					数量	单价	金额										数量	单价	金额										数量	单价	金额									
月	日	种类	号数				千	百	十	万	千	百	十	元	角	分			千	百	十	万	千	百	十	元	角	分			千	百	十	万	千	百	十	元	角	分

级科目编号及名称

年		凭证		摘要	借方												贷方												结存											
月	日	种类	号数		数量	单价	金额										数量	单价	金额										数量	单价	金额									
							千	百	十	万	千	百	十	元	角	分			千	百	十	万	千	百	十	元	角	分			千	百	十	万	千	百	十	元	角	分

级科目编号及名称

年		凭证		摘要	借方												贷方												结存											
月	日	种类	号数		数量	单价	金额										数量	单价	金额										数量	单价	金额									
							千	百	十	万	千	百	十	元	角	分			千	百	十	万	千	百	十	元	角	分			千	百	十	万	千	百	十	元	角	分

级科目编号及名称

年		凭证		摘要	借方												贷方												结存											
					数量	单价	金额										数量	单价	金额										数量	单价	金额									
月	日	种类	号数				千	百	十	万	千	百	十	元	角	分			千	百	十	万	千	百	十	元	角	分			千	百	十	万	千	百	十	元	角	分

级科目编号及名称

年		凭证		摘要	借方												贷方												结存											
					数量	单价	金额										数量	单价	金额										数量	单价	金额									
月	日	种类	号数				千	百	十	万	千	百	十	元	角	分			千	百	十	万	千	百	十	元	角	分			千	百	十	万	千	百	十	元	角	分

三、多栏式明细账

级科目编号及名称

年		凭证号数	摘要																																																																							
月	日			百	十	万	千	百	十	元	角	分	百	十	万	千	百	十	元	角	分	百	十	万	千	百	十	元	角	分	百	十	万	千	百	十	元	角	分	百	十	万	千	百	十	元	角	分	百	十	万	千	百	十	元	角	分	百	十	万	千	百	十	元	角	分	百	十	万	千	百	十	元	角	分

级科目编号及名称

年		凭证号数	摘要																																																																								
月	日			百	十	万	千	百	十	元	角	分	百	十	万	千	百	十	元	角	分	百	十	万	千	百	十	元	角	分	百	十	万	千	百	十	元	角	分	百	十	万	千	百	十	元	角	分	百	十	万	千	百	十	元	角	分	百	十	万	千	百	十	元	角	分	百	十	万	千	百	十	元	角	分

级科目编号及名称

年		凭证号数	摘要																																																																							
月	日			百	十	万	千	百	十	元	角	分	百	十	万	千	百	十	元	角	分	百	十	万	千	百	十	元	角	分	百	十	万	千	百	十	元	角	分	百	十	万	千	百	十	元	角	分	百	十	万	千	百	十	元	角	分	百	十	万	千	百	十	元	角	分	百	十	万	千	百	十	元	角	分

级科目编号及名称

年		凭证号数	摘要																																																																						
月	日			百	十	万	千	百	十	元	角	分	百	十	万	千	百	十	元	角	分	百	十	万	千	百	十	元	角	分	百	十	万	千	百	十	元	角	分	百	十	万	千	百	十	元	角	分	百	十	万	千	百	十	元	角	分	百	十	万	千	百	十	元	角	分	百	十	万	千	百	十	元	角	分

________级科目编号及名称________

年		凭证号数	摘要																																																																								
月	日			百	十	万	千	百	十	元	角	分	百	十	万	千	百	十	元	角	分	百	十	万	千	百	十	元	角	分	百	十	万	千	百	十	元	角	分	百	十	万	千	百	十	元	角	分	百	十	万	千	百	十	元	角	分	百	十	万	千	百	十	元	角	分	百	十	万	千	百	十	元	角	分

级科目编号及名称

年		凭证号数	摘要																																																																						
月	日			百	十	万	千	百	十	元	角	分	百	十	万	千	百	十	元	角	分	百	十	万	千	百	十	元	角	分	百	十	万	千	百	十	元	角	分	百	十	万	千	百	十	元	角	分	百	十	万	千	百	十	元	角	分	百	十	万	千	百	十	元	角	分	百	十	万	千	百	十	元	角	分

级科目编号及名称

年		凭证号数	摘要								
月	日			百十万千百十元角分	百十万千百十元角分	百十万千百十元角分	百十万千百十元角分	百十万千百十元角分	百十万千百十元角分	百十万千百十元角分	百十万千百十元角分

级科目编号及名称

年		凭证号数	摘要																																																																						
月	日			百	十	万	千	百	十	元	角	分	百	十	万	千	百	十	元	角	分	百	十	万	千	百	十	元	角	分	百	十	万	千	百	十	元	角	分	百	十	万	千	百	十	元	角	分	百	十	万	千	百	十	元	角	分	百	十	万	千	百	十	元	角	分	百	十	万	千	百	十	元	角	分

级科目编号及名称

年		凭证号数	摘要																																																																							
月	日			百	十	万	千	百	十	元	角	分	百	十	万	千	百	十	元	角	分	百	十	万	千	百	十	元	角	分	百	十	万	千	百	十	元	角	分	百	十	万	千	百	十	元	角	分	百	十	万	千	百	十	元	角	分	百	十	万	千	百	十	元	角	分	百	十	万	千	百	十	元	角	分

级科目编号及名称

年		凭证号数	摘要																																																																								
月	日			百	十	万	千	百	十	元	角	分	百	十	万	千	百	十	元	角	分	百	十	万	千	百	十	元	角	分	百	十	万	千	百	十	元	角	分	百	十	万	千	百	十	元	角	分	百	十	万	千	百	十	元	角	分	百	十	万	千	百	十	元	角	分	百	十	万	千	百	十	元	角	分

四、总分类账

年		凭证号数	摘要	✓	借方											贷方											借或贷	余额										
月	日				亿	千	百	十	万	千	百	十	元	角	分	亿	千	百	十	万	千	百	十	元	角	分		亿	千	百	十	万	千	百	十	元	角	分

年		凭证号数	摘要	✓	借方											贷方											借或贷	余额										
月	日				亿	千	百	十	万	千	百	十	元	角	分	亿	千	百	十	万	千	百	十	元	角	分		亿	千	百	十	万	千	百	十	元	角	分

年		凭证号数	摘要	✓	借方											贷方											借或贷	余额										
月	日				亿	千	百	十	万	千	百	十	元	角	分	亿	千	百	十	万	千	百	十	元	角	分		亿	千	百	十	万	千	百	十	元	角	分

年		凭证号数	摘要	✓	借方											贷方											借或贷	余额										
月	日				亿	千	百	十	万	千	百	十	元	角	分	亿	千	百	十	万	千	百	十	元	角	分		亿	千	百	十	万	千	百	十	元	角	分

年		凭证号数	摘要	✓	借方											贷方											借或贷	余额										
月	日				亿	千	百	十	万	千	百	十	元	角	分	亿	千	百	十	万	千	百	十	元	角	分		亿	千	百	十	万	千	百	十	元	角	分

年		凭证号数	摘要	✓	借方											贷方											借或贷	余额										
月	日				亿	千	百	十	万	千	百	十	元	角	分	亿	千	百	十	万	千	百	十	元	角	分		亿	千	百	十	万	千	百	十	元	角	分

年		凭证号数	摘要	✓	借方											贷方											借或贷	余额										
月	日				亿	千	百	十	万	千	百	十	元	角	分	亿	千	百	十	万	千	百	十	元	角	分		亿	千	百	十	万	千	百	十	元	角	分

年		凭证号数	摘要	✓	借方											贷方											借或贷	余额										
月	日				亿	千	百	十	万	千	百	十	元	角	分	亿	千	百	十	万	千	百	十	元	角	分		亿	千	百	十	万	千	百	十	元	角	分

年		凭证号数	摘要	✓	借方											贷方											借或贷	余额										
月	日				亿	千	百	十	万	千	百	十	元	角	分	亿	千	百	十	万	千	百	十	元	角	分		亿	千	百	十	万	千	百	十	元	角	分

年		凭证号数	摘要	✓	借方											贷方											借或贷	余额										
月	日				亿	千	百	十	万	千	百	十	元	角	分	亿	千	百	十	万	千	百	十	元	角	分		亿	千	百	十	万	千	百	十	元	角	分

年		凭证号数	摘要	✓	借方											贷方											借或贷	余额										
月	日				亿	千	百	十	万	千	百	十	元	角	分	亿	千	百	十	万	千	百	十	元	角	分		亿	千	百	十	万	千	百	十	元	角	分

年		凭证号数	摘要	✓	借方											贷方											借或贷	余额										
月	日				亿	千	百	十	万	千	百	十	元	角	分	亿	千	百	十	万	千	百	十	元	角	分		亿	千	百	十	万	千	百	十	元	角	分

年		凭证号数	摘要	✓	借方											贷方											借或贷	余额										
月	日				亿	千	百	十	万	千	百	十	元	角	分	亿	千	百	十	万	千	百	十	元	角	分		亿	千	百	十	万	千	百	十	元	角	分

年		凭证号数	摘要	✓	借方											贷方											借或贷	余额										
月	日				亿	千	百	十	万	千	百	十	元	角	分	亿	千	百	十	万	千	百	十	元	角	分		亿	千	百	十	万	千	百	十	元	角	分

年		凭证号数	摘要	✓	借方											贷方											借或贷	余额										
月	日				亿	千	百	十	万	千	百	十	元	角	分	亿	千	百	十	万	千	百	十	元	角	分		亿	千	百	十	万	千	百	十	元	角	分

年		凭证号数	摘要	✓	借方											贷方											借或贷	余额										
月	日				亿	千	百	十	万	千	百	十	元	角	分	亿	千	百	十	万	千	百	十	元	角	分		亿	千	百	十	万	千	百	十	元	角	分

年		凭证号数	摘要	✓	借方											贷方											借或贷	余额										
月	日				亿	千	百	十	万	千	百	十	元	角	分	亿	千	百	十	万	千	百	十	元	角	分		亿	千	百	十	万	千	百	十	元	角	分

年		凭证号数	摘要	✓	借方											贷方											借或贷	余额										
月	日				亿	千	百	十	万	千	百	十	元	角	分	亿	千	百	十	万	千	百	十	元	角	分		亿	千	百	十	万	千	百	十	元	角	分

年		凭证号数	摘要	√	借方											贷方											借或贷	余额										
月	日				亿	千	百	十	万	千	百	十	元	角	分	亿	千	百	十	万	千	百	十	元	角	分		亿	千	百	十	万	千	百	十	元	角	分

年		凭证号数	摘要	√	借方											贷方											借或贷	余额										
月	日				亿	千	百	十	万	千	百	十	元	角	分	亿	千	百	十	万	千	百	十	元	角	分		亿	千	百	十	万	千	百	十	元	角	分

年		凭证号数	摘要	✓	借方											贷方											借或贷	余额										
月	日				亿	千	百	十	万	千	百	十	元	角	分	亿	千	百	十	万	千	百	十	元	角	分		亿	千	百	十	万	千	百	十	元	角	分

年		凭证号数	摘要	✓	借方											贷方											借或贷	余额										
月	日				亿	千	百	十	万	千	百	十	元	角	分	亿	千	百	十	万	千	百	十	元	角	分		亿	千	百	十	万	千	百	十	元	角	分

项目五　固定资产核算岗位会计实训

一、三栏式明细账
二、固定资产明细账
三、总分类账

一、三栏式明细账

______级科目编号及名称______

______级科目编号及名称______

年		凭证		摘要	对方科目	日页	借方金额											✓	贷方金额											✓	借或贷	余额											✓
月	日	种类	号数				亿	千	百	十	万	千	百	十	元	角	分		亿	千	百	十	万	千	百	十	元	角	分			亿	千	百	十	万	千	百	十	元	角	分	

______级科目编号及名称______

______级科目编号及名称______

年		凭证		摘要	对方科目	日页	借方金额											✓	贷方金额											✓	借或贷	余额											✓
月	日	种类	号数				亿	千	百	十	万	千	百	十	元	角	分		亿	千	百	十	万	千	百	十	元	角	分			亿	千	百	十	万	千	百	十	元	角	分	

级科目编号及名称

级科目编号及名称

年		凭证		摘要	对方科目	日页	借方金额											✓	贷方金额											✓	借或贷	余额											✓
月	日	种类	号数				亿	千	百	十	万	千	百	十	元	角	分		亿	千	百	十	万	千	百	十	元	角	分			亿	千	百	十	万	千	百	十	元	角	分	

级科目编号及名称

级科目编号及名称

年		凭证		摘要	对方科目	日页	借方金额											✓	贷方金额											✓	借或贷	余额											✓
月	日	种类	号数				亿	千	百	十	万	千	百	十	元	角	分		亿	千	百	十	万	千	百	十	元	角	分			亿	千	百	十	万	千	百	十	元	角	分	

______级科目编号及名称______

______级科目编号及名称______

年		凭证		摘要	对方科目	日页	借方金额											✓	贷方金额											✓	借或贷	余额											✓
月	日	种类	号数				亿	千	百	十	万	千	百	十	元	角	分		亿	千	百	十	万	千	百	十	元	角	分			亿	千	百	十	万	千	百	十	元	角	分	

______级科目编号及名称______

______级科目编号及名称______

年		凭证		摘要	对方科目	日页	借方金额											✓	贷方金额											✓	借或贷	余额											✓
月	日	种类	号数				亿	千	百	十	万	千	百	十	元	角	分		亿	千	百	十	万	千	百	十	元	角	分			亿	千	百	十	万	千	百	十	元	角	分	

级科目编号及名称
级科目编号及名称

年		凭证		摘要	对方科目	日页	借方金额											√	贷方金额											√	借或贷	余额											√
月	日	种类	号数				亿	千	百	十	万	千	百	十	元	角	分		亿	千	百	十	万	千	百	十	元	角	分			亿	千	百	十	万	千	百	十	元	角	分	

级科目编号及名称
级科目编号及名称

年		凭证		摘要	对方科目	日页	借方金额											√	贷方金额											√	借或贷	余额											√
月	日	种类	号数				亿	千	百	十	万	千	百	十	元	角	分		亿	千	百	十	万	千	百	十	元	角	分			亿	千	百	十	万	千	百	十	元	角	分	

二、固定资产明细账

级科目编号及名称
级科目编号及名称

年		凭证		摘要	对方科目	日页	借方金额											√	贷方金额											√	借或贷	余额											√
月	日	种类	号数				亿	千	百	十	万	千	百	十	元	角	分		亿	千	百	十	万	千	百	十	元	角	分			亿	千	百	十	万	千	百	十	元	角	分	

级科目编号及名称
级科目编号及名称

年		凭证		摘要	对方科目	日页	借方金额											√	贷方金额											√	借或贷	余额											√
月	日	种类	号数				亿	千	百	十	万	千	百	十	元	角	分		亿	千	百	十	万	千	百	十	元	角	分			亿	千	百	十	万	千	百	十	元	角	分	

______级科目编号及名称______

______级科目编号及名称______

年		凭证		摘要	对方科目	日页	借方金额											✓	贷方金额											✓	借或贷	余额											✓
月	日	种类	号数				亿	千	百	十	万	千	百	十	元	角	分		亿	千	百	十	万	千	百	十	元	角	分			亿	千	百	十	万	千	百	十	元	角	分	

______级科目编号及名称______

______级科目编号及名称______

年		凭证		摘要	对方科目	日页	借方金额											✓	贷方金额											✓	借或贷	余额											✓
月	日	种类	号数				亿	千	百	十	万	千	百	十	元	角	分		亿	千	百	十	万	千	百	十	元	角	分			亿	千	百	十	万	千	百	十	元	角	分	

级科目编号及名称
级科目编号及名称

年		凭证		摘要	对方科目	日页	借方金额											✓	贷方金额											✓	借或贷	余额											✓
月	日	种类	号数				亿	千	百	十	万	千	百	十	元	角	分		亿	千	百	十	万	千	百	十	元	角	分			亿	千	百	十	万	千	百	十	元	角	分	

级科目编号及名称
级科目编号及名称

年		凭证		摘要	对方科目	日页	借方金额											✓	贷方金额											✓	借或贷	余额											✓
月	日	种类	号数				亿	千	百	十	万	千	百	十	元	角	分		亿	千	百	十	万	千	百	十	元	角	分			亿	千	百	十	万	千	百	十	元	角	分	

______级科目编号及名称______

______级科目编号及名称______

年		凭证		摘要	对方科目	日页	借方金额											✓	贷方金额											✓	借或贷	余额											✓
月	日	种类	号数				亿	千	百	十	万	千	百	十	元	角	分		亿	千	百	十	万	千	百	十	元	角	分			亿	千	百	十	万	千	百	十	元	角	分	

______级科目编号及名称______

______级科目编号及名称______

年		凭证		摘要	对方科目	日页	借方金额											✓	贷方金额											✓	借或贷	余额											✓
月	日	种类	号数				亿	千	百	十	万	千	百	十	元	角	分		亿	千	百	十	万	千	百	十	元	角	分			亿	千	百	十	万	千	百	十	元	角	分	

三、总分类账

年		凭证号数	摘要	✓	借方											贷方											借或贷	余额										
月	日				亿	千	百	十	万	千	百	十	元	角	分	亿	千	百	十	万	千	百	十	元	角	分		亿	千	百	十	万	千	百	十	元	角	分

年		凭证号数	摘要	✓	借方											贷方											借或贷	余额										
月	日				亿	千	百	十	万	千	百	十	元	角	分	亿	千	百	十	万	千	百	十	元	角	分		亿	千	百	十	万	千	百	十	元	角	分

年		凭证号数	摘要	√	借方											贷方											借或贷	余额										
月	日				亿	千	百	十	万	千	百	十	元	角	分	亿	千	百	十	万	千	百	十	元	角	分		亿	千	百	十	万	千	百	十	元	角	分

年		凭证号数	摘要	√	借方											贷方											借或贷	余额										
月	日				亿	千	百	十	万	千	百	十	元	角	分	亿	千	百	十	万	千	百	十	元	角	分		亿	千	百	十	万	千	百	十	元	角	分

年		凭证号数	摘要	✓	借方											贷方											借或贷	余额										
月	日				亿	千	百	十	万	千	百	十	元	角	分	亿	千	百	十	万	千	百	十	元	角	分		亿	千	百	十	万	千	百	十	元	角	分

年		凭证号数	摘要	✓	借方											贷方											借或贷	余额										
月	日				亿	千	百	十	万	千	百	十	元	角	分	亿	千	百	十	万	千	百	十	元	角	分		亿	千	百	十	万	千	百	十	元	角	分

项目六　无形资产核算岗位会计实训

一、三栏式明细账

二、总分类账

一、三栏式明细账

级科目编号及名称
级科目编号及名称

年		凭证		摘要	对方科目	日页	借方金额											✓	贷方金额											✓	借或贷	余额											✓
月	日	种类	号数				亿	千	百	十	万	千	百	十	元	角	分		亿	千	百	十	万	千	百	十	元	角	分			亿	千	百	十	万	千	百	十	元	角	分	

级科目编号及名称
级科目编号及名称

年		凭证		摘要	对方科目	日页	借方金额											✓	贷方金额											✓	借或贷	余额											✓
月	日	种类	号数				亿	千	百	十	万	千	百	十	元	角	分		亿	千	百	十	万	千	百	十	元	角	分			亿	千	百	十	万	千	百	十	元	角	分	

级科目编号及名称

级科目编号及名称

年		凭证		摘要	对方科目	日页	借方金额											✓	贷方金额											✓	借或贷	余额											✓
月	日	种类	号数				亿	千	百	十	万	千	百	十	元	角	分		亿	千	百	十	万	千	百	十	元	角	分			亿	千	百	十	万	千	百	十	元	角	分	

级科目编号及名称

级科目编号及名称

年		凭证		摘要	对方科目	日页	借方金额											✓	贷方金额											✓	借或贷	余额											✓
月	日	种类	号数				亿	千	百	十	万	千	百	十	元	角	分		亿	千	百	十	万	千	百	十	元	角	分			亿	千	百	十	万	千	百	十	元	角	分	

级科目编号及名称

级科目编号及名称

年		凭证		摘要	对方科目	日页	借方金额											✓	贷方金额											✓	借或贷	余额											✓
月	日	种类	号数				亿	千	百	十	万	千	百	十	元	角	分		亿	千	百	十	万	千	百	十	元	角	分			亿	千	百	十	万	千	百	十	元	角	分	

级科目编号及名称

级科目编号及名称

年		凭证		摘要	对方科目	日页	借方金额											✓	贷方金额											✓	借或贷	余额											✓
月	日	种类	号数				亿	千	百	十	万	千	百	十	元	角	分		亿	千	百	十	万	千	百	十	元	角	分			亿	千	百	十	万	千	百	十	元	角	分	

______级科目编号及名称______

______级科目编号及名称______

年		凭证		摘要	对方科目	日页	借方金额											√	贷方金额											√	借或贷	余额											√
月	日	种类	号数				亿	千	百	十	万	千	百	十	元	角	分		亿	千	百	十	万	千	百	十	元	角	分			亿	千	百	十	万	千	百	十	元	角	分	

______级科目编号及名称______

______级科目编号及名称______

年		凭证		摘要	对方科目	日页	借方金额											√	贷方金额											√	借或贷	余额											√
月	日	种类	号数				亿	千	百	十	万	千	百	十	元	角	分		亿	千	百	十	万	千	百	十	元	角	分			亿	千	百	十	万	千	百	十	元	角	分	

二、总分类账

年		凭证号数	摘要	✓	借方											贷方											借或贷	余额										
月	日				亿	千	百	十	万	千	百	十	元	角	分	亿	千	百	十	万	千	百	十	元	角	分		亿	千	百	十	万	千	百	十	元	角	分

年		凭证号数	摘要	✓	借方											贷方											借或贷	余额										
月	日				亿	千	百	十	万	千	百	十	元	角	分	亿	千	百	十	万	千	百	十	元	角	分		亿	千	百	十	万	千	百	十	元	角	分

年		凭证号数	摘要	✓	借方											贷方											借或贷	余额										
月	日				亿	千	百	十	万	千	百	十	元	角	分	亿	千	百	十	万	千	百	十	元	角	分		亿	千	百	十	万	千	百	十	元	角	分

年		凭证号数	摘要	✓	借方											贷方											借或贷	余额										
月	日				亿	千	百	十	万	千	百	十	元	角	分	亿	千	百	十	万	千	百	十	元	角	分		亿	千	百	十	万	千	百	十	元	角	分

年		凭证号数	摘要	✓	借方											贷方											借或贷	余额										
月	日				亿	千	百	十	万	千	百	十	元	角	分	亿	千	百	十	万	千	百	十	元	角	分		亿	千	百	十	万	千	百	十	元	角	分

年		凭证号数	摘要	✓	借方											贷方											借或贷	余额										
月	日				亿	千	百	十	万	千	百	十	元	角	分	亿	千	百	十	万	千	百	十	元	角	分		亿	千	百	十	万	千	百	十	元	角	分

项目七　职工薪酬核算岗位会计实训

一、三栏式明细账

二、总分类账

一、三栏式明细账

______级科目编号及名称______

______级科目编号及名称______

年		凭证		摘要	对方科目	日页	借方金额											✓	贷方金额											✓	借或贷	余额											✓
月	日	种类	号数				亿	千	百	十	万	千	百	十	元	角	分		亿	千	百	十	万	千	百	十	元	角	分			亿	千	百	十	万	千	百	十	元	角	分	

______级科目编号及名称______

______级科目编号及名称______

年		凭证		摘要	对方科目	日页	借方金额											✓	贷方金额											✓	借或贷	余额											✓
月	日	种类	号数				亿	千	百	十	万	千	百	十	元	角	分		亿	千	百	十	万	千	百	十	元	角	分			亿	千	百	十	万	千	百	十	元	角	分	

______级科目编号及名称______

______级科目编号及名称______

年		凭证		摘要	对方科目	日页	借方金额											✓	贷方金额											✓	借或贷	余额											✓
月	日	种类	号数				亿	千	百	十	万	千	百	十	元	角	分		亿	千	百	十	万	千	百	十	元	角	分			亿	千	百	十	万	千	百	十	元	角	分	

______级科目编号及名称______

______级科目编号及名称______

年		凭证		摘要	对方科目	日页	借方金额											✓	贷方金额											✓	借或贷	余额											✓
月	日	种类	号数				亿	千	百	十	万	千	百	十	元	角	分		亿	千	百	十	万	千	百	十	元	角	分			亿	千	百	十	万	千	百	十	元	角	分	

级科目编号及名称

级科目编号及名称

年		凭证		摘要	对方科目	日页	借方金额											✓	贷方金额											✓	借或贷	余额											✓
月	日	种类	号数				亿	千	百	十	万	千	百	十	元	角	分		亿	千	百	十	万	千	百	十	元	角	分			亿	千	百	十	万	千	百	十	元	角	分	

级科目编号及名称

级科目编号及名称

年		凭证		摘要	对方科目	日页	借方金额											✓	贷方金额											✓	借或贷	余额											✓
月	日	种类	号数				亿	千	百	十	万	千	百	十	元	角	分		亿	千	百	十	万	千	百	十	元	角	分			亿	千	百	十	万	千	百	十	元	角	分	

级科目编号及名称

级科目编号及名称

年		凭证		摘要	对方科目	日页	借方金额											✓	贷方金额											✓	借或贷	余额											✓
月	日	种类	号数				亿	千	百	十	万	千	百	十	元	角	分		亿	千	百	十	万	千	百	十	元	角	分			亿	千	百	十	万	千	百	十	元	角	分	

级科目编号及名称

级科目编号及名称

年		凭证		摘要	对方科目	日页	借方金额											✓	贷方金额											✓	借或贷	余额											✓
月	日	种类	号数				亿	千	百	十	万	千	百	十	元	角	分		亿	千	百	十	万	千	百	十	元	角	分			亿	千	百	十	万	千	百	十	元	角	分	

二、总分类账

年		凭证号数	摘要	✓	借方											贷方											借或贷	余额										
月	日				亿	千	百	十	万	千	百	十	元	角	分	亿	千	百	十	万	千	百	十	元	角	分		亿	千	百	十	万	千	百	十	元	角	分

年		凭证号数	摘要	✓	借方											贷方											借或贷	余额										
月	日				亿	千	百	十	万	千	百	十	元	角	分	亿	千	百	十	万	千	百	十	元	角	分		亿	千	百	十	万	千	百	十	元	角	分

年		凭证号数	摘要	✓	借方											贷方											借或贷	余额										
月	日				亿	千	百	十	万	千	百	十	元	角	分	亿	千	百	十	万	千	百	十	元	角	分		亿	千	百	十	万	千	百	十	元	角	分

项目八　税务核算岗位会计实训

一、三栏式明细账
二、应交税费明细账
三、总分类账

一、三栏式明细账

级科目编号及名称

级科目编号及名称

年		凭证		摘要	对方科目	日页	借方金额											✓	贷方金额											✓	借或贷	余额											✓
月	日	种类	号数				亿	千	百	十	万	千	百	十	元	角	分		亿	千	百	十	万	千	百	十	元	角	分			亿	千	百	十	万	千	百	十	元	角	分	

级科目编号及名称

级科目编号及名称

年		凭证		摘要	对方科目	日页	借方金额											✓	贷方金额											✓	借或贷	余额											✓
月	日	种类	号数				亿	千	百	十	万	千	百	十	元	角	分		亿	千	百	十	万	千	百	十	元	角	分			亿	千	百	十	万	千	百	十	元	角	分	

级科目编号及名称
级科目编号及名称

年		凭证		摘要	对方科目	日页	借方金额											✓	贷方金额											✓	借或贷	余额											✓
月	日	种类	号数				亿	千	百	十	万	千	百	十	元	角	分		亿	千	百	十	万	千	百	十	元	角	分			亿	千	百	十	万	千	百	十	元	角	分	

级科目编号及名称
级科目编号及名称

年		凭证		摘要	对方科目	日页	借方金额											✓	贷方金额											✓	借或贷	余额											✓
月	日	种类	号数				亿	千	百	十	万	千	百	十	元	角	分		亿	千	百	十	万	千	百	十	元	角	分			亿	千	百	十	万	千	百	十	元	角	分	

级科目编号及名称
级科目编号及名称

年		凭证		摘要	对方科目	日页	借方金额											✓	贷方金额											✓	借或贷	余额											✓
月	日	种类	号数				亿	千	百	十	万	千	百	十	元	角	分		亿	千	百	十	万	千	百	十	元	角	分			亿	千	百	十	万	千	百	十	元	角	分	

级科目编号及名称
级科目编号及名称

年		凭证		摘要	对方科目	日页	借方金额											✓	贷方金额											✓	借或贷	余额											✓
月	日	种类	号数				亿	千	百	十	万	千	百	十	元	角	分		亿	千	百	十	万	千	百	十	元	角	分			亿	千	百	十	万	千	百	十	元	角	分	

级科目编号及名称
级科目编号及名称

年		凭证		摘要	对方科目	日页	借方金额											✓	贷方金额											✓	借或贷	余额											✓
月	日	种类	号数				亿	千	百	十	万	千	百	十	元	角	分		亿	千	百	十	万	千	百	十	元	角	分			亿	千	百	十	万	千	百	十	元	角	分	

级科目编号及名称
级科目编号及名称

年		凭证		摘要	对方科目	日页	借方金额											✓	贷方金额											✓	借或贷	余额											✓
月	日	种类	号数				亿	千	百	十	万	千	百	十	元	角	分		亿	千	百	十	万	千	百	十	元	角	分			亿	千	百	十	万	千	百	十	元	角	分	

二、应交税费明细账

应交税费(增值税)明细账

年		凭证		摘要	借方					贷方					借或贷	余额
					进项税额	已交税费	减免税款	转出未交增值税	合计	销项税额	进项税额转出	出口退税	转出多交增值税	合计		
月	日	种类	号数		十万千百十元角分	十万千百十元角分	十万千百十元角分	十万千百十元角分	十万千百十元角分	十万千百十元角分	十万千百十元角分	十万千百十元角分	十万千百十元角分	十万千百十元角分		十万千百十元角

应交税费(增值税)明细账

年		凭证		摘要	借方																																						贷方																																						借或贷	余额							
					进项税额								已交税费								减免税款								转出未交增值税								合计								销项税额								进项税额转出								出口退税								转出多交增值税								合计																
月	日	种类	号数		十	万	千	百	十	元	角	分	十	万	千	百	十	元	角	分	十	万	千	百	十	元	角	分	十	万	千	百	十	元	角	分	十	万	千	百	十	元	角	分	十	万	千	百	十	元	角	分	十	万	千	百	十	元	角	分	十	万	千	百	十	元	角	分	十	万	千	百	十	元	角	分	十	万	千	百	十	元	角	分		十	万	千	百	十	元	角	分

三、总分类账

年		凭证号数	摘要	✓	借方											贷方											借或贷	余额										
月	日				亿	千	百	十	万	千	百	十	元	角	分	亿	千	百	十	万	千	百	十	元	角	分		亿	千	百	十	万	千	百	十	元	角	分

年		凭证号数	摘要	✓	借方											贷方											借或贷	余额										
月	日				亿	千	百	十	万	千	百	十	元	角	分	亿	千	百	十	万	千	百	十	元	角	分		亿	千	百	十	万	千	百	十	元	角	分

年		凭证号数	摘要	✓	借方											贷方											借或贷	余额										
月	日				亿	千	百	十	万	千	百	十	元	角	分	亿	千	百	十	万	千	百	十	元	角	分		亿	千	百	十	万	千	百	十	元	角	分

项目九　资金核算岗位会计实训

一、三栏式明细账
二、总分类账

一、三栏式明细账

______级科目编号及名称______

______级科目编号及名称______

年		凭证		摘要	对方科目	日页	借方金额											✓	贷方金额											✓	借或贷	余额											✓
月	日	种类	号数				亿	千	百	十	万	千	百	十	元	角	分		亿	千	百	十	万	千	百	十	元	角	分			亿	千	百	十	万	千	百	十	元	角	分	

______级科目编号及名称______

______级科目编号及名称______

年		凭证		摘要	对方科目	日页	借方金额											✓	贷方金额											✓	借或贷	余额											✓
月	日	种类	号数				亿	千	百	十	万	千	百	十	元	角	分		亿	千	百	十	万	千	百	十	元	角	分			亿	千	百	十	万	千	百	十	元	角	分	

级科目编号及名称

级科目编号及名称

年		凭证		摘要	对方科目	日页	借方金额											✓	贷方金额											✓	借或贷	余额											✓
月	日	种类	号数				亿	千	百	十	万	千	百	十	元	角	分		亿	千	百	十	万	千	百	十	元	角	分			亿	千	百	十	万	千	百	十	元	角	分	

级科目编号及名称

级科目编号及名称

年		凭证		摘要	对方科目	日页	借方金额											✓	贷方金额											✓	借或贷	余额											✓
月	日	种类	号数				亿	千	百	十	万	千	百	十	元	角	分		亿	千	百	十	万	千	百	十	元	角	分			亿	千	百	十	万	千	百	十	元	角	分	

级科目编号及名称

级科目编号及名称

年		凭证		摘要	对方科目	日页	借方金额											✓	贷方金额											✓	借或贷	余额											✓
月	日	种类	号数				亿	千	百	十	万	千	百	十	元	角	分		亿	千	百	十	万	千	百	十	元	角	分			亿	千	百	十	万	千	百	十	元	角	分	

级科目编号及名称

级科目编号及名称

年		凭证		摘要	对方科目	日页	借方金额											✓	贷方金额											✓	借或贷	余额											✓
月	日	种类	号数				亿	千	百	十	万	千	百	十	元	角	分		亿	千	百	十	万	千	百	十	元	角	分			亿	千	百	十	万	千	百	十	元	角	分	

级科目编号及名称
级科目编号及名称

年		凭证		摘要	对方科目	日页	借方金额											✓	贷方金额											✓	借或贷	余额											✓
月	日	种类	号数				亿	千	百	十	万	千	百	十	元	角	分		亿	千	百	十	万	千	百	十	元	角	分			亿	千	百	十	万	千	百	十	元	角	分	

级科目编号及名称
级科目编号及名称

年		凭证		摘要	对方科目	日页	借方金额											✓	贷方金额											✓	借或贷	余额											✓
月	日	种类	号数				亿	千	百	十	万	千	百	十	元	角	分		亿	千	百	十	万	千	百	十	元	角	分			亿	千	百	十	万	千	百	十	元	角	分	

二、总分类账

年		凭证号数	摘要	✓	借方											贷方											借或贷	余额										
月	日				亿	千	百	十	万	千	百	十	元	角	分	亿	千	百	十	万	千	百	十	元	角	分		亿	千	百	十	万	千	百	十	元	角	分

年		凭证号数	摘要	✓	借方											贷方											借或贷	余额										
月	日				亿	千	百	十	万	千	百	十	元	角	分	亿	千	百	十	万	千	百	十	元	角	分		亿	千	百	十	万	千	百	十	元	角	分

年		凭证号数	摘要	✓	借方											贷方											借或贷	余额										
月	日				亿	千	百	十	万	千	百	十	元	角	分	亿	千	百	十	万	千	百	十	元	角	分		亿	千	百	十	万	千	百	十	元	角	分

项目十　收入费用核算岗位会计实训

一、三栏式明细账
二、数量金额式明细账
三、多栏式明细账
四、总分类账

一、三栏式明细账

级科目编号及名称

级科目编号及名称

年		凭证		摘要	对方科目	日页	借方金额											√	贷方金额											√	借或贷	余额											√
月	日	种类	号数				亿	千	百	十	万	千	百	十	元	角	分		亿	千	百	十	万	千	百	十	元	角	分			亿	千	百	十	万	千	百	十	元	角	分	

级科目编号及名称

级科目编号及名称

年		凭证		摘要	对方科目	日页	借方金额											✓	贷方金额											✓	借或贷	余额											✓
月	日	种类	号数				亿	千	百	十	万	千	百	十	元	角	分		亿	千	百	十	万	千	百	十	元	角	分			亿	千	百	十	万	千	百	十	元	角	分	

______级科目编号及名称______

______级科目编号及名称______

年		凭证		摘要	对方科目	日页	借方金额											✓	贷方金额											✓	借或贷	余额											✓
月	日	种类	号数				亿	千	百	十	万	千	百	十	元	角	分		亿	千	百	十	万	千	百	十	元	角	分			亿	千	百	十	万	千	百	十	元	角	分	

______级科目编号及名称______

______级科目编号及名称______

年		凭证		摘要	对方科目	日页	借方金额											✓	贷方金额											✓	借或贷	余额											✓
月	日	种类	号数				亿	千	百	十	万	千	百	十	元	角	分		亿	千	百	十	万	千	百	十	元	角	分			亿	千	百	十	万	千	百	十	元	角	分	

级科目编号及名称

级科目编号及名称

年		凭证		摘要	对方科目	日页	借方金额											✓	贷方金额											✓	借或贷	余额											✓
月	日	种类	号数				亿	千	百	十	万	千	百	十	元	角	分		亿	千	百	十	万	千	百	十	元	角	分			亿	千	百	十	万	千	百	十	元	角	分	

级科目编号及名称

级科目编号及名称

年		凭证		摘要	对方科目	日页	借方金额											√	贷方金额											√	借或贷	余额											√
月	日	种类	号数				亿	千	百	十	万	千	百	十	元	角	分		亿	千	百	十	万	千	百	十	元	角	分			亿	千	百	十	万	千	百	十	元	角	分	

______级科目编号及名称______
______级科目编号及名称______

年		凭证		摘要	对方科目	日页	借方金额											✓	贷方金额											✓	借或贷	余额											✓
月	日	种类	号数				亿	千	百	十	万	千	百	十	元	角	分		亿	千	百	十	万	千	百	十	元	角	分			亿	千	百	十	万	千	百	十	元	角	分	

二、数量金额式明细账

级科目编号及名称

年		凭证		摘要	借方												贷方												结存											
					数量	单价	金额										数量	单价	金额										数量	单价	金额									
月	日	种类	号数				千	百	十	万	千	百	十	元	角	分			千	百	十	万	千	百	十	元	角	分			千	百	十	万	千	百	十	元	角	分

级科目编号及名称

年		凭证		摘要	借方												贷方												结存											
					数量	单价	金额										数量	单价	金额										数量	单价	金额									
月	日	种类	号数				千	百	十	万	千	百	十	元	角	分			千	百	十	万	千	百	十	元	角	分			千	百	十	万	千	百	十	元	角	分

级科目编号及名称

年		凭证		摘要	借方												贷方												结存											
					数量	单价	金额										数量	单价	金额										数量	单价	金额									
月	日	种类	号数				千	百	十	万	千	百	十	元	角	分			千	百	十	万	千	百	十	元	角	分			千	百	十	万	千	百	十	元	角	分

三、多栏式明细账

______级科目编号及名称______________

年		凭证号数	摘要																																																																							
月	日			百	十	万	千	百	十	元	角	分	百	十	万	千	百	十	元	角	分	百	十	万	千	百	十	元	角	分	百	十	万	千	百	十	元	角	分	百	十	万	千	百	十	元	角	分	百	十	万	千	百	十	元	角	分	百	十	万	千	百	十	元	角	分	百	十	万	千	百	十	元	角	分

级科目编号及名称

年		凭证号数	摘要																																																																							
月	日			百	十	万	千	百	十	元	角	分	百	十	万	千	百	十	元	角	分	百	十	万	千	百	十	元	角	分	百	十	万	千	百	十	元	角	分	百	十	万	千	百	十	元	角	分	百	十	万	千	百	十	元	角	分	百	十	万	千	百	十	元	角	分	百	十	万	千	百	十	元	角	分

级科目编号及名称

年		凭证号数	摘要																																																																									
月	日			百	十	万	千	百	十	元	角	分	百	十	万	千	百	十	元	角	分	百	十	万	千	百	十	元	角	分	百	十	万	千	百	十	元	角	分	百	十	万	千	百	十	元	角	分	百	十	万	千	百	十	元	角	分	百	十	万	千	百	十	元	角	分	百	十	万	千	百	十	元	角	分

级科目编号及名称

年		凭证号数	摘要																																																																								
月	日			百	十	万	千	百	十	元	角	分	百	十	万	千	百	十	元	角	分	百	十	万	千	百	十	元	角	分	百	十	万	千	百	十	元	角	分	百	十	万	千	百	十	元	角	分	百	十	万	千	百	十	元	角	分	百	十	万	千	百	十	元	角	分	百	十	万	千	百	十	元	角	分

______级科目编号及名称______

年		凭证号数	摘要																																																																						
月	日			百	十	万	千	百	十	元	角	分	百	十	万	千	百	十	元	角	分	百	十	万	千	百	十	元	角	分	百	十	万	千	百	十	元	角	分	百	十	万	千	百	十	元	角	分	百	十	万	千	百	十	元	角	分	百	十	万	千	百	十	元	角	分	百	十	万	千	百	十	元	角	分

级科目编号及名称

年		凭证号数	摘要																																																																							
月	日			百	十	万	千	百	十	元	角	分	百	十	万	千	百	十	元	角	分	百	十	万	千	百	十	元	角	分	百	十	万	千	百	十	元	角	分	百	十	万	千	百	十	元	角	分	百	十	万	千	百	十	元	角	分	百	十	万	千	百	十	元	角	分	百	十	万	千	百	十	元	角	分

四、总分类账

年		凭证号数	摘要	√	借方											贷方											借或贷	余额										
月	日				亿	千	百	十	万	千	百	十	元	角	分	亿	千	百	十	万	千	百	十	元	角	分		亿	千	百	十	万	千	百	十	元	角	分

年		凭证号数	摘要	√	借方											贷方											借或贷	余额										
月	日				亿	千	百	十	万	千	百	十	元	角	分	亿	千	百	十	万	千	百	十	元	角	分		亿	千	百	十	万	千	百	十	元	角	分

年		凭证号数	摘要	✓	借方											贷方											借或贷	余额										
月	日				亿	千	百	十	万	千	百	十	元	角	分	亿	千	百	十	万	千	百	十	元	角	分		亿	千	百	十	万	千	百	十	元	角	分

年		凭证号数	摘要	✓	借方											贷方											借或贷	余额										
月	日				亿	千	百	十	万	千	百	十	元	角	分	亿	千	百	十	万	千	百	十	元	角	分		亿	千	百	十	万	千	百	十	元	角	分

年		凭证号数	摘要	✓	借方											贷方											借或贷	余额										
月	日				亿	千	百	十	万	千	百	十	元	角	分	亿	千	百	十	万	千	百	十	元	角	分		亿	千	百	十	万	千	百	十	元	角	分

年		凭证号数	摘要	✓	借方											贷方											借或贷	余额										
月	日				亿	千	百	十	万	千	百	十	元	角	分	亿	千	百	十	万	千	百	十	元	角	分		亿	千	百	十	万	千	百	十	元	角	分

年		凭证号数	摘要	✓	借方											贷方											借或贷	余额										
月	日				亿	千	百	十	万	千	百	十	元	角	分	亿	千	百	十	万	千	百	十	元	角	分		亿	千	百	十	万	千	百	十	元	角	分

年		凭证号数	摘要	✓	借方											贷方											借或贷	余额										
月	日				亿	千	百	十	万	千	百	十	元	角	分	亿	千	百	十	万	千	百	十	元	角	分		亿	千	百	十	万	千	百	十	元	角	分

年		凭证号数	摘要	✓	借方											贷方											借或贷	余额										
月	日				亿	千	百	十	万	千	百	十	元	角	分	亿	千	百	十	万	千	百	十	元	角	分		亿	千	百	十	万	千	百	十	元	角	分

年		凭证号数	摘要	✓	借方											贷方											借或贷	余额										
月	日				亿	千	百	十	万	千	百	十	元	角	分	亿	千	百	十	万	千	百	十	元	角	分		亿	千	百	十	万	千	百	十	元	角	分

年		凭证号数	摘要	✓	借方											贷方											借或贷	余额										
月	日				亿	千	百	十	万	千	百	十	元	角	分	亿	千	百	十	万	千	百	十	元	角	分		亿	千	百	十	万	千	百	十	元	角	分

年		凭证号数	摘要	✓	借方											贷方											借或贷	余额										
月	日				亿	千	百	十	万	千	百	十	元	角	分	亿	千	百	十	万	千	百	十	元	角	分		亿	千	百	十	万	千	百	十	元	角	分

年		凭证号数	摘要	✓	借方											贷方											借或贷	余额										
月	日				亿	千	百	十	万	千	百	十	元	角	分	亿	千	百	十	万	千	百	十	元	角	分		亿	千	百	十	万	千	百	十	元	角	分

年		凭证号数	摘要	✓	借方											贷方											借或贷	余额										
月	日				亿	千	百	十	万	千	百	十	元	角	分	亿	千	百	十	万	千	百	十	元	角	分		亿	千	百	十	万	千	百	十	元	角	分

项目十一　财务成果核算岗位会计实训

一、三栏式明细账
二、数量金额式明细账
三、多栏式明细账
四、总分类账

一、三栏式明细账

级科目编号及名称

级科目编号及名称

年		凭证		摘要	对方科目	日页	借方金额											✓	贷方金额											✓	借或贷	余额											✓
月	日	种类	号数				亿	千	百	十	万	千	百	十	元	角	分		亿	千	百	十	万	千	百	十	元	角	分			亿	千	百	十	万	千	百	十	元	角	分	

级科目编号及名称

级科目编号及名称

年		凭证		摘要	对方科目	日页	借方金额											✓	贷方金额											✓	借或贷	余额											✓
月	日	种类	号数				亿	千	百	十	万	千	百	十	元	角	分		亿	千	百	十	万	千	百	十	元	角	分			亿	千	百	十	万	千	百	十	元	角	分	

______级科目编号及名称______

______级科目编号及名称______

年		凭证		摘 要	对方科目	日页	借方金额											√	贷方金额											√	借或贷	余额											√
月	日	种类	号数				亿	千	百	十	万	千	百	十	元	角	分		亿	千	百	十	万	千	百	十	元	角	分			亿	千	百	十	万	千	百	十	元	角	分	

级科目编号及名称

级科目编号及名称

年		凭证		摘要	对方科目	日页	借方金额											√	贷方金额											√	借或贷	余额											√
月	日	种类	号数				亿	千	百	十	万	千	百	十	元	角	分		亿	千	百	十	万	千	百	十	元	角	分			亿	千	百	十	万	千	百	十	元	角	分	

级科目编号及名称

级科目编号及名称

年		凭证		摘要	对方科目	日页	借方金额											✓	贷方金额											✓	借或贷	余额											✓
月	日	种类	号数				亿	千	百	十	万	千	百	十	元	角	分		亿	千	百	十	万	千	百	十	元	角	分			亿	千	百	十	万	千	百	十	元	角	分	

级科目编号及名称

级科目编号及名称

年		凭证		摘要	对方科目	日页	借方金额											√	贷方金额											√	借或贷	余额											√
月	日	种类	号数				亿	千	百	十	万	千	百	十	元	角	分		亿	千	百	十	万	千	百	十	元	角	分			亿	千	百	十	万	千	百	十	元	角	分	

二、数量金额式明细账

级科目编号及名称

年		凭证		摘要	借方												贷方												结存											
					数量	单价	金额										数量	单价	金额										数量	单价	金额									
月	日	种类	号数				千	百	十	万	千	百	十	元	角	分			千	百	十	万	千	百	十	元	角	分			千	百	十	万	千	百	十	元	角	分

______级科目编号及名称______________

年		凭证		摘要	借方												贷方												结存											
					数量	单价	金额										数量	单价	金额										数量	单价	金额									
月	日	种类	号数				千	百	十	万	千	百	十	元	角	分			千	百	十	万	千	百	十	元	角	分			千	百	十	万	千	百	十	元	角	分

三、多栏式明细账

______级科目编号及名称______

年		凭证号数	摘要																																																																									
月	日			百	十	万	千	百	十	元	角	分	百	十	万	千	百	十	元	角	分	百	十	万	千	百	十	元	角	分	百	十	万	千	百	十	元	角	分	百	十	万	千	百	十	元	角	分	百	十	万	千	百	十	元	角	分	百	十	万	千	百	十	元	角	分	百	十	万	千	百	十	元	角	分

级科目编号及名称

年		凭证号数	摘要																																																																						
月	日			百	十	万	千	百	十	元	角	分	百	十	万	千	百	十	元	角	分	百	十	万	千	百	十	元	角	分	百	十	万	千	百	十	元	角	分	百	十	万	千	百	十	元	角	分	百	十	万	千	百	十	元	角	分	百	十	万	千	百	十	元	角	分	百	十	万	千	百	十	元	角	分

级科目编号及名称

年		凭证号数	摘要																																																																				
月	日			百	十	万	千	百	十	元	角	分	百	十	万	千	百	十	元	角	分	百	十	万	千	百	十	元	角	分	百	十	万	千	百	十	元	角	分	百	十	万	千	百	十	元	角	分	百	十	万	千	百	十	元	角	分	百	十	万	千	百	十	元	角	分	百	十	万	千	百	十	元	角	分

______级科目编号及名称______

年		凭证号数	摘要																																																																							
月	日			百	十	万	千	百	十	元	角	分	百	十	万	千	百	十	元	角	分	百	十	万	千	百	十	元	角	分	百	十	万	千	百	十	元	角	分	百	十	万	千	百	十	元	角	分	百	十	万	千	百	十	元	角	分	百	十	万	千	百	十	元	角	分	百	十	万	千	百	十	元	角	分

级科目编号及名称

年		凭证号数	摘要																																																																								
月	日			百	十	万	千	百	十	元	角	分	百	十	万	千	百	十	元	角	分	百	十	万	千	百	十	元	角	分	百	十	万	千	百	十	元	角	分	百	十	万	千	百	十	元	角	分	百	十	万	千	百	十	元	角	分	百	十	万	千	百	十	元	角	分	百	十	万	千	百	十	元	角	分

级科目编号及名称

年		凭证号数	摘要																																																																								
月	日			百	十	万	千	百	十	元	角	分	百	十	万	千	百	十	元	角	分	百	十	万	千	百	十	元	角	分	百	十	万	千	百	十	元	角	分	百	十	万	千	百	十	元	角	分	百	十	万	千	百	十	元	角	分	百	十	万	千	百	十	元	角	分	百	十	万	千	百	十	元	角	分

四、总分类账

年		凭证号数	摘要	√	借方											贷方											借或贷	余额										
月	日				亿	千	百	十	万	千	百	十	元	角	分	亿	千	百	十	万	千	百	十	元	角	分		亿	千	百	十	万	千	百	十	元	角	分

年		凭证号数	摘要	√	借方											贷方											借或贷	余额										
月	日				亿	千	百	十	万	千	百	十	元	角	分	亿	千	百	十	万	千	百	十	元	角	分		亿	千	百	十	万	千	百	十	元	角	分

年		凭证号数	摘要	✓	借方											贷方											借或贷	余额										
月	日				亿	千	百	十	万	千	百	十	元	角	分	亿	千	百	十	万	千	百	十	元	角	分		亿	千	百	十	万	千	百	十	元	角	分

年		凭证号数	摘要	✓	借方											贷方											借或贷	余额										
月	日				亿	千	百	十	万	千	百	十	元	角	分	亿	千	百	十	万	千	百	十	元	角	分		亿	千	百	十	万	千	百	十	元	角	分

年		凭证号数	摘要	✓	借方											贷方											借或贷	余额										
月	日				亿	千	百	十	万	千	百	十	元	角	分	亿	千	百	十	万	千	百	十	元	角	分		亿	千	百	十	万	千	百	十	元	角	分

年		凭证号数	摘要	✓	借方											贷方											借或贷	余额										
月	日				亿	千	百	十	万	千	百	十	元	角	分	亿	千	百	十	万	千	百	十	元	角	分		亿	千	百	十	万	千	百	十	元	角	分

年		凭证号数	摘要	√	借方											贷方											借或贷	余额										
月	日				亿	千	百	十	万	千	百	十	元	角	分	亿	千	百	十	万	千	百	十	元	角	分		亿	千	百	十	万	千	百	十	元	角	分

年		凭证号数	摘要	√	借方											贷方											借或贷	余额										
月	日				亿	千	百	十	万	千	百	十	元	角	分	亿	千	百	十	万	千	百	十	元	角	分		亿	千	百	十	万	千	百	十	元	角	分

年		凭证号数	摘要	✓	借方											贷方											借或贷	余额										
月	日				亿	千	百	十	万	千	百	十	元	角	分	亿	千	百	十	万	千	百	十	元	角	分		亿	千	百	十	万	千	百	十	元	角	分

年		凭证号数	摘要	✓	借方											贷方											借或贷	余额										
月	日				亿	千	百	十	万	千	百	十	元	角	分	亿	千	百	十	万	千	百	十	元	角	分		亿	千	百	十	万	千	百	十	元	角	分

项目十二　财务报表编制岗位会计实训

一、科目汇总表
二、资产负债表
三、利润表

一、科目汇总表

编号：		附件共　　张
记账凭证	收款	第　　号至　　号共　　张
	付款	第　　号至　　号共　　张
	转账	第　　号至　　号共　　张

科目汇总表

年　　月　　日至　　月　　日

会计科目	本期发生额汇总																				会计科目	本期发生额汇总																			
	借方										贷方											借方										贷方									
	千	百	十	万	千	百	十	元	角	分	千	百	十	万	千	百	十	元	角	分		千	百	十	万	千	百	十	元	角	分	千	百	十	万	千	百	十	元	角	分

财会主管　　　　记账　　　　复核　　　　制表

科 目 汇 总 表

年　　月　　日至　　月　　日

编号：		附件共			张
记账凭证	收款	第	号至	号共	张
	付款	第	号至	号共	张
	转账	第	号至	号共	张

会计科目	本期发生额汇总																				会计科目	本期发生额汇总																			
	借方										贷方											借方										贷方									
	千	百	十	万	千	百	十	元	角	分	千	百	十	万	千	百	十	元	角	分		千	百	十	万	千	百	十	元	角	分	千	百	十	万	千	百	十	元	角	分

财会主管　　　　记账　　　　复核　　　　制表

科目汇总表

年　月　日至　月　日

编号：	附件共　张			
记账凭证	收款	第　号至	号共	张
	付款	第　号至	号共	张
	转账	第　号至	号共	张

<table>
<tr><td rowspan="3">会计科目</td><td colspan="20">本期发生额汇总</td><td rowspan="3">会计科目</td><td colspan="20">本期发生额汇总</td></tr>
<tr><td colspan="10">借方</td><td colspan="10">贷方</td><td colspan="10">借方</td><td colspan="10">贷方</td></tr>
<tr><td>千</td><td>百</td><td>十</td><td>万</td><td>千</td><td>百</td><td>十</td><td>元</td><td>角</td><td>分</td><td>千</td><td>百</td><td>十</td><td>万</td><td>千</td><td>百</td><td>十</td><td>元</td><td>角</td><td>分</td><td>千</td><td>百</td><td>十</td><td>万</td><td>千</td><td>百</td><td>十</td><td>元</td><td>角</td><td>分</td><td>千</td><td>百</td><td>十</td><td>万</td><td>千</td><td>百</td><td>十</td><td>元</td><td>角</td><td>分</td></tr>
</table>

财会主管　　记账　　复核　　制表

二、资产负债表

资产负债表

会企 01 表

编制单位：　　　　年　　月　　日　　　　单位：元

资产	行次	期末余额	年初余额	负债及所有者权益(或股东权益)	行次	期末余额	年初余额
流动资产：				流动负债：			
货币资金	1			短期借款	30		
交易性金融资产	2			交易性金融负债	31		
衍生金融资产	3			衍生金融负债	32		
应收票据	4			应付票据	33		
应收账款	5			应付账款	34		
应收款项融资	6			预收款项	35		
预付款项	7			合同负债	36		
其他应收款	8			应付职工薪酬	37		
存货	9			应交税费	38		
一年内到期的非流动资产	10			其他应付款	39		
其他流动资产	11			一年内到期的非流动负债	40		
流动资产合计	12			其他流动负债	41		
非流动资产：				流动负债合计	42		
债权投资	13			非流动负债：			
其他债权投资	14			长期借款	43		
长期应收款	15			应付债券	44		
长期股权投资	16			其中：优先股	45		
其他权益工具投资	17			永续债	46		
其他非流动金融资产	18			长期应付款	47		
投资性房地产	19			预计负债	48		
固定资产	20			递延收益	49		
在建工程	21			递延所得税负债	50		
无形资产	22			其他非流动负债	51		
开发支出	23			非流动负债合计	52		
商誉	24			负债合计	53		
长期待摊费用	25			所有者权益(或股东权益)：			
递延所得税资产	26			实收资本(或股本)	54		
其他非流动资产	27			其他权益工具	55		
非流动资产合计	28			其中：优先股	56		
				永续债	57		
				资本公积	58		
				减：库存股	59		
				其他综合收益	60		
				专项储备	61		
				盈余公积	62		
				未分配利润	63		
				所有者权益(或股东权益)合计	64		
资产总计	29			负债及所有者权益(或股东权益)总计	65		

单位负责人：　　　　主管会计工作负责人：　　　　会计机构负责人：

资产负债表

会企 01 表

编制单位：　　　　年　　月　　日　　　　单位：元

资产	行次	期末余额	年初余额	负债及所有者权益(或股东权益)	行次	期末余额	年初余额
流动资产：				流动负债：			
货币资金	1			短期借款	30		
交易性金融资产	2			交易性金融负债	31		
衍生金融资产	3			衍生金融负债	32		
应收票据	4			应付票据	33		
应收账款	5			应付账款	34		
应收款项融资	6			预收款项	35		
预付款项	7			合同负债	36		
其他应收款	8			应付职工薪酬	37		
存货	9			应交税费	38		
一年内到期的非流动资产	10			其他应付款	39		
其他流动资产	11			一年内到期的非流动负债	40		
流动资产合计	12			其他流动负债	41		
非流动资产：				流动负债合计	42		
债权投资	13			非流动负债：			
其他债权投资	14			长期借款	43		
长期应收款	15			应付债券	44		
长期股权投资	16			其中：优先股	45		
其他权益工具投资	17			永续债	46		
其他非流动金融资产	18			长期应付款	47		
投资性房地产	19			预计负债	48		
固定资产	20			递延收益	49		
在建工程	21			递延所得税负债	50		
无形资产	22			其他非流动负债	51		
开发支出	23			非流动负债合计	52		
商誉	24			负债合计	53		
长期待摊费用	25			所有者权益(或股东权益)：			
递延所得税资产	26			实收资本(或股本)	54		
其他非流动资产	27			其他权益工具	55		
非流动资产合计	28			其中：优先股	56		
				永续债	57		
				资本公积	58		
				减：库存股	59		
				其他综合收益	60		
				专项储备	61		
				盈余公积	62		
				未分配利润	63		
				所有者权益(或股东权益)合计	64		
资产总计	29			负债及所有者权益(或股东权益)总计	65		

单位负责人：　　　　主管会计工作负责人：　　　　会计机构负责人：

三、利润表

利 润 表

会企 02 表

编制单位： 年 月 单位:元

项 目	行次	金额
一、营业收入	1	
减:营业成本	2	
税金及附加	3	
销售费用	4	
管理费用	5	
研发费用	6	
财务费用	7	
其中:利息费用	8	
利息收入	9	
加:其他收益	10	
投资收益(损失以"－"号填列)	11	
其中:对联营企业和合营企业的投资收益	12	
公允价值变动收益(损失以"－"号填列)	13	
信用减值损失(损失以"－"号填列)	14	
资产减值损失(损失以"－"号填列)	15	
资产处置收益(损失以"－"号填列)	16	
二、营业利润(亏损以"－"号填列)	17	
加:营业外收入	18	
减:营业外支出	19	
三、利润总额(亏损以"－"号填列)	20	
减:所得税费用	21	
四、净利润(净亏损以"－"号填列)	22	
(一)持续经营净利润(净亏损以"－"号填列)	23	
(二)终止经营净利润(净亏损以"－"号填列)	24	
五、其他综合收益的税后净额	25	
六、综合收益总额	26	
七、每股收益：	27	
(一)基本每股收益	28	
(二)稀释每股收益	29	

利　润　表

会企 02 表

编制单位：　　　　　　　　　年　　月　　　　　　　　　单位：元

项　　目	行次	金额
一、营业收入	1	
减：营业成本	2	
税金及附加	3	
销售费用	4	
管理费用	5	
研发费用	6	
财务费用	7	
其中：利息费用	8	
利息收入	9	
加：其他收益	10	
投资收益（损失以“－”号填列）	11	
其中：对联营企业和合营企业的投资收益	12	
公允价值变动收益（损失以“－”号填列）	13	
信用减值损失（损失以“－”号填列）	14	
资产减值损失（损失以“－”号填列）	15	
资产处置收益（损失以“－”号填列）	16	
二、营业利润（亏损以“－”号填列）	17	
加：营业外收入	18	
减：营业外支出	19	
三、利润总额（亏损以“－”号填列）	20	
减：所得税费用	21	
四、净利润（净亏损以“－”号填列）	22	
（一）持续经营净利润（净亏损以“－”号填列）	23	
（二）终止经营净利润（净亏损以“－”号填列）	24	
五、其他综合收益的税后净额	25	
六、综合收益总额	26	
七、每股收益：	27	
（一）基本每股收益	28	
（二）稀释每股收益	29	

项目十三　综合业务实训

一、科目汇总表
二、库存现金日记账
三、银行存款日记账
四、三栏式明细账
五、数量金额式明细账
六、多栏式明细账
七、应交税费明细账
八、总分类账
九、资产负债表
十、利润表

一、科目汇总表

编号：		附件共	张	
记账凭证	收款	第　号至	号共	张
	付款	第　号至	号共	张
	转账	第　号至	号共	张

科　目　汇　总　表

年　　月　　日至　　月　　日

会计科目	本期发生额汇总																				会计科目	本期发生额汇总																			
	借方										贷方											借方										贷方									
	千	百	十	万	千	百	十	元	角	分	千	百	十	万	千	百	十	元	角	分		千	百	十	万	千	百	十	元	角	分	千	百	十	万	千	百	十	元	角	分

财会主管　　　　记账　　　　复核　　　　制表

编号：	附件共	张		
记账凭证	收款	第　号至　号共	张	
	付款	第　号至　号共	张	
	转账	第　号至　号共	张	

科目汇总表

年　月　日至　月　日

会计科目	本期发生额汇总																				会计科目	本期发生额汇总																			
	借方										贷方											借方										贷方									
	千	百	十	万	千	百	十	元	角	分	千	百	十	万	千	百	十	元	角	分		千	百	十	万	千	百	十	元	角	分	千	百	十	万	千	百	十	元	角	分

财会主管　　记账　　复核　　制表

编号：		附件共 张
记账凭证	收款	第　　号至　　号共　　张
	付款	第　　号至　　号共　　张
	转账	第　　号至　　号共　　张

科 目 汇 总 表

年　　月　　日至　　月　　日

会计科目	本期发生额汇总																				会计科目	本期发生额汇总																			
	借方										贷方											借方										贷方									
	千	百	十	万	千	百	十	元	角	分	千	百	十	万	千	百	十	元	角	分		千	百	十	万	千	百	十	元	角	分	千	百	十	万	千	百	十	元	角	分

财会主管　　　　记账　　　　复核　　　　制表

编号：		附件共　　张
记账凭证	收款	第　　号至　　号共　　张
	付款	第　　号至　　号共　　张
	转账	第　　号至　　号共　　张

科 目 汇 总 表

年　　月　　日至　　月　　日

会计科目	本期发生额汇总																				会计科目	本期发生额汇总																			
	借方										贷方											借方										贷方									
	千	百	十	万	千	百	十	元	角	分	千	百	十	万	千	百	十	元	角	分		千	百	十	万	千	百	十	元	角	分	千	百	十	万	千	百	十	元	角	分

财会主管　　　　　　记账　　　　　　复核　　　　　　制表

二、库存现金日记账

库存现金日记账

年		凭证号数	对方科目	摘　　要	✓	收入（借方）金额												付出（贷方）金额												结余金额											
月	日					十	亿	千	百	十	万	千	百	十	元	角	分	十	亿	千	百	十	万	千	百	十	元	角	分	十	亿	千	百	十	万	千	百	十	元	角	分

三、银行存款日记账

银行存款日记账

年		凭证号数	对方科目	摘　　要	√	收入(借方)金额												付出(贷方)金额												结余金额											
月	日					十	亿	千	百	十	万	千	百	十	元	角	分	十	亿	千	百	十	万	千	百	十	元	角	分	十	亿	千	百	十	万	千	百	十	元	角	分

四、三栏式明细账

级科目编号及名称
级科目编号及名称

年		凭证		摘要	对方科目	日页	借方金额											✓	贷方金额											✓	借或贷	余额											✓
月	日	种类	号数				亿	千	百	十	万	千	百	十	元	角	分		亿	千	百	十	万	千	百	十	元	角	分			亿	千	百	十	万	千	百	十	元	角	分	

级科目编号及名称
级科目编号及名称

年		凭证		摘要	对方科目	日页	借方金额											✓	贷方金额											✓	借或贷	余额											✓
月	日	种类	号数				亿	千	百	十	万	千	百	十	元	角	分		亿	千	百	十	万	千	百	十	元	角	分			亿	千	百	十	万	千	百	十	元	角	分	

______级科目编号及名称______

______级科目编号及名称______

年		凭证		摘要	对方科目	日页	借方金额											✓	贷方金额											✓	借或贷	余额											✓
月	日	种类	号数				亿	千	百	十	万	千	百	十	元	角	分		亿	千	百	十	万	千	百	十	元	角	分			亿	千	百	十	万	千	百	十	元	角	分	

______级科目编号及名称______

______级科目编号及名称______

年		凭证		摘要	对方科目	日页	借方金额											✓	贷方金额											✓	借或贷	余额											✓
月	日	种类	号数				亿	千	百	十	万	千	百	十	元	角	分		亿	千	百	十	万	千	百	十	元	角	分			亿	千	百	十	万	千	百	十	元	角	分	

级科目编号及名称

级科目编号及名称

年		凭证		摘要	对方科目	日页	借方金额											✓	贷方金额											✓	借或贷	余额											✓
月	日	种类	号数				亿	千	百	十	万	千	百	十	元	角	分		亿	千	百	十	万	千	百	十	元	角	分			亿	千	百	十	万	千	百	十	元	角	分	

级科目编号及名称

级科目编号及名称

年		凭证		摘要	对方科目	日页	借方金额											✓	贷方金额											✓	借或贷	余额											✓
月	日	种类	号数				亿	千	百	十	万	千	百	十	元	角	分		亿	千	百	十	万	千	百	十	元	角	分			亿	千	百	十	万	千	百	十	元	角	分	

级科目编号及名称
级科目编号及名称

年		凭证		摘要	对方科目	日页	借方金额											✓	贷方金额											✓	借或贷	余额											✓
月	日	种类	号数				亿	千	百	十	万	千	百	十	元	角	分		亿	千	百	十	万	千	百	十	元	角	分			亿	千	百	十	万	千	百	十	元	角	分	

级科目编号及名称
级科目编号及名称

年		凭证		摘要	对方科目	日页	借方金额											✓	贷方金额											✓	借或贷	余额											✓
月	日	种类	号数				亿	千	百	十	万	千	百	十	元	角	分		亿	千	百	十	万	千	百	十	元	角	分			亿	千	百	十	万	千	百	十	元	角	分	

级科目编号及名称

级科目编号及名称

年		凭证		摘要	对方科目	日页	借方金额											✓	贷方金额											✓	借或贷	余额											✓
月	日	种类	号数				亿	千	百	十	万	千	百	十	元	角	分		亿	千	百	十	万	千	百	十	元	角	分			亿	千	百	十	万	千	百	十	元	角	分	

级科目编号及名称

级科目编号及名称

年		凭证		摘要	对方科目	日页	借方金额											✓	贷方金额											✓	借或贷	余额											✓
月	日	种类	号数				亿	千	百	十	万	千	百	十	元	角	分		亿	千	百	十	万	千	百	十	元	角	分			亿	千	百	十	万	千	百	十	元	角	分	

______级科目编号及名称______

______级科目编号及名称______

年		凭证		摘要	对方科目	日页	借方金额											✓	贷方金额											✓	借或贷	余额											✓
月	日	种类	号数				亿	千	百	十	万	千	百	十	元	角	分		亿	千	百	十	万	千	百	十	元	角	分			亿	千	百	十	万	千	百	十	元	角	分	

______级科目编号及名称______

______级科目编号及名称______

年		凭证		摘要	对方科目	日页	借方金额											✓	贷方金额											✓	借或贷	余额											✓
月	日	种类	号数				亿	千	百	十	万	千	百	十	元	角	分		亿	千	百	十	万	千	百	十	元	角	分			亿	千	百	十	万	千	百	十	元	角	分	

级科目编号及名称

级科目编号及名称

年		凭证		摘要	对方科目	日页	借方金额											√	贷方金额											√	借或贷	余额											√
月	日	种类	号数				亿	千	百	十	万	千	百	十	元	角	分		亿	千	百	十	万	千	百	十	元	角	分			亿	千	百	十	万	千	百	十	元	角	分	

级科目编号及名称

级科目编号及名称

年		凭证		摘要	对方科目	日页	借方金额											√	贷方金额											√	借或贷	余额											√
月	日	种类	号数				亿	千	百	十	万	千	百	十	元	角	分		亿	千	百	十	万	千	百	十	元	角	分			亿	千	百	十	万	千	百	十	元	角	分	

级科目编号及名称
级科目编号及名称

年		凭证		摘要	对方科目	日页	借方金额											✓	贷方金额											✓	借或贷	余额											✓
月	日	种类	号数				亿	千	百	十	万	千	百	十	元	角	分		亿	千	百	十	万	千	百	十	元	角	分			亿	千	百	十	万	千	百	十	元	角	分	

级科目编号及名称
级科目编号及名称

年		凭证		摘要	对方科目	日页	借方金额											✓	贷方金额											✓	借或贷	余额											✓
月	日	种类	号数				亿	千	百	十	万	千	百	十	元	角	分		亿	千	百	十	万	千	百	十	元	角	分			亿	千	百	十	万	千	百	十	元	角	分	

级科目编号及名称

级科目编号及名称

年		凭证		摘要	对方科目	日页	借方金额											✓	贷方金额											✓	借或贷	余额											✓
月	日	种类	号数				亿	千	百	十	万	千	百	十	元	角	分		亿	千	百	十	万	千	百	十	元	角	分			亿	千	百	十	万	千	百	十	元	角	分	

级科目编号及名称

级科目编号及名称

年		凭证		摘要	对方科目	日页	借方金额											✓	贷方金额											✓	借或贷	余额											✓
月	日	种类	号数				亿	千	百	十	万	千	百	十	元	角	分		亿	千	百	十	万	千	百	十	元	角	分			亿	千	百	十	万	千	百	十	元	角	分	

级科目编号及名称

级科目编号及名称

年		凭证		摘要	对方科目	日页	借方金额											✓	贷方金额											✓	借或贷	余额											✓
月	日	种类	号数				亿	千	百	十	万	千	百	十	元	角	分		亿	千	百	十	万	千	百	十	元	角	分			亿	千	百	十	万	千	百	十	元	角	分	

级科目编号及名称

级科目编号及名称

年		凭证		摘要	对方科目	日页	借方金额											✓	贷方金额											✓	借或贷	余额											✓
月	日	种类	号数				亿	千	百	十	万	千	百	十	元	角	分		亿	千	百	十	万	千	百	十	元	角	分			亿	千	百	十	万	千	百	十	元	角	分	

五、数量金额式明细账

级科目编号及名称

年		凭证		摘要	借方												贷方												结存											
					数量	单价	金额										数量	单价	金额										数量	单价	金额									
月	日	种类	号数				千	百	十	万	千	百	十	元	角	分			千	百	十	万	千	百	十	元	角	分			千	百	十	万	千	百	十	元	角	分

级科目编号及名称

年		凭证		摘要	借方												贷方												结存											
					数量	单价	金额										数量	单价	金额										数量	单价	金额									
月	日	种类	号数				千	百	十	万	千	百	十	元	角	分			千	百	十	万	千	百	十	元	角	分			千	百	十	万	千	百	十	元	角	分

级科目编号及名称

年		凭证		摘要	借方												贷方												结存											
					数量	单价	金额										数量	单价	金额										数量	单价	金额									
月	日	种类	号数				千	百	十	万	千	百	十	元	角	分			千	百	十	万	千	百	十	元	角	分			千	百	十	万	千	百	十	元	角	分

级科目编号及名称

年		凭证		摘要	借方												贷方												结存											
					数量	单价	金额										数量	单价	金额										数量	单价	金额									
月	日	种类	号数				千	百	十	万	千	百	十	元	角	分			千	百	十	万	千	百	十	元	角	分			千	百	十	万	千	百	十	元	角	分

级科目编号及名称

年		凭证		摘要	借方												贷方												结存											
					数量	单价	金额										数量	单价	金额										数量	单价	金额									
月	日	种类	号数				千	百	十	万	千	百	十	元	角	分			千	百	十	万	千	百	十	元	角	分			千	百	十	万	千	百	十	元	角	分

级科目编号及名称

年		凭证		摘要	借方												贷方												结存											
					数量	单价	金额										数量	单价	金额										数量	单价	金额									
月	日	种类	号数				千	百	十	万	千	百	十	元	角	分			千	百	十	万	千	百	十	元	角	分			千	百	十	万	千	百	十	元	角	分

级科目编号及名称

年		凭证		摘要	借方												贷方												结存											
					数量	单价	金额										数量	单价	金额										数量	单价	金额									
月	日	种类	号数				千	百	十	万	千	百	十	元	角	分			千	百	十	万	千	百	十	元	角	分			千	百	十	万	千	百	十	元	角	分

级科目编号及名称

年		凭证		摘要	借方												贷方												结存											
					数量	单价	金额										数量	单价	金额										数量	单价	金额									
月	日	种类	号数				千	百	十	万	千	百	十	元	角	分			千	百	十	万	千	百	十	元	角	分			千	百	十	万	千	百	十	元	角	分

级科目编号及名称

年		凭证		摘要	借方												贷方												结存											
					数量	单价	金额										数量	单价	金额										数量	单价	金额									
月	日	种类	号数				千	百	十	万	千	百	十	元	角	分			千	百	十	万	千	百	十	元	角	分			千	百	十	万	千	百	十	元	角	分

级科目编号及名称

年		凭证		摘要	借方												贷方												结存											
					数量	单价	金额										数量	单价	金额										数量	单价	金额									
月	日	种类	号数				千	百	十	万	千	百	十	元	角	分			千	百	十	万	千	百	十	元	角	分			千	百	十	万	千	百	十	元	角	分

级科目编号及名称

年		凭证		摘要	借方												贷方												结存											
月	日	种类	号数		数量	单价	金额										数量	单价	金额										数量	单价	金额									
							千	百	十	万	千	百	十	元	角	分			千	百	十	万	千	百	十	元	角	分			千	百	十	万	千	百	十	元	角	分

级科目编号及名称

年		凭证		摘要	借方												贷方												结存											
月	日	种类	号数		数量	单价	金额										数量	单价	金额										数量	单价	金额									
							千	百	十	万	千	百	十	元	角	分			千	百	十	万	千	百	十	元	角	分			千	百	十	万	千	百	十	元	角	分

六、多栏式明细账

级科目编号及名称

年		凭证号数	摘要																																																																																					
月	日			百	十	万	千	百	十	元	角	分	百	十	万	千	百	十	元	角	分	百	十	万	千	百	十	元	角	分	百	十	万	千	百	十	元	角	分	百	十	万	千	百	十	元	角	分	百	十	万	千	百	十	元	角	分	百	十	万	千	百	十	元	角	分	百	十	万	千	百	十	元	角	分	百	十	万	千	百	十	元	角	分	百	十	万	千	百	十	元	角	分

级科目编号及名称

年		凭证号数	摘要																																																																																						
月	日			百	十	万	千	百	十	元	角	分	百	十	万	千	百	十	元	角	分	百	十	万	千	百	十	元	角	分	百	十	万	千	百	十	元	角	分	百	十	万	千	百	十	元	角	分	百	十	万	千	百	十	元	角	分	百	十	万	千	百	十	元	角	分	百	十	万	千	百	十	元	角	分	百	十	万	千	百	十	元	角	分	百	十	万	千	百	十	元	角	分

--------级科目编号及名称--------

年		凭证号数	摘要																																																																																							
月	日			百	十	万	千	百	十	元	角	分	百	十	万	千	百	十	元	角	分	百	十	万	千	百	十	元	角	分	百	十	万	千	百	十	元	角	分	百	十	万	千	百	十	元	角	分	百	十	万	千	百	十	元	角	分	百	十	万	千	百	十	元	角	分	百	十	万	千	百	十	元	角	分	百	十	万	千	百	十	元	角	分	百	十	万	千	百	十	元	角	分

--------级科目编号及名称--------

年		凭证号数	摘要																																																																																							
月	日			百	十	万	千	百	十	元	角	分	百	十	万	千	百	十	元	角	分	百	十	万	千	百	十	元	角	分	百	十	万	千	百	十	元	角	分	百	十	万	千	百	十	元	角	分	百	十	万	千	百	十	元	角	分	百	十	万	千	百	十	元	角	分	百	十	万	千	百	十	元	角	分	百	十	万	千	百	十	元	角	分	百	十	万	千	百	十	元	角	分

级科目编号及名称

年		凭证号数	摘要																																																																																						
月	日			百	十	万	千	百	十	元	角	分	百	十	万	千	百	十	元	角	分	百	十	万	千	百	十	元	角	分	百	十	万	千	百	十	元	角	分	百	十	万	千	百	十	元	角	分	百	十	万	千	百	十	元	角	分	百	十	万	千	百	十	元	角	分	百	十	万	千	百	十	元	角	分	百	十	万	千	百	十	元	角	分	百	十	万	千	百	十	元	角	分

级科目编号及名称

年		凭证号数	摘要																																																																																							
月	日			百	十	万	千	百	十	元	角	分	百	十	万	千	百	十	元	角	分	百	十	万	千	百	十	元	角	分	百	十	万	千	百	十	元	角	分	百	十	万	千	百	十	元	角	分	百	十	万	千	百	十	元	角	分	百	十	万	千	百	十	元	角	分	百	十	万	千	百	十	元	角	分	百	十	万	千	百	十	元	角	分	百	十	万	千	百	十	元	角	分

级科目编号及名称

年		凭证号数	摘要										
月	日			百十万千百十元角分	百十万千百十元角分	百十万千百十元角分	百十万千百十元角分	百十万千百十元角分	百十万千百十元角分	百十万千百十元角分	百十万千百十元角分	百十万千百十元角分	百十万千百十元角分

级科目编号及名称

年		凭证号数	摘要										
月	日			百十万千百十元角分	百十万千百十元角分	百十万千百十元角分	百十万千百十元角分	百十万千百十元角分	百十万千百十元角分	百十万千百十元角分	百十万千百十元角分	百十万千百十元角分	百十万千百十元角分

级科目编号及名称

年		凭证号数	摘要										
月	日			百十万千百十元角分	百十万千百十元角分	百十万千百十元角分	百十万千百十元角分	百十万千百十元角分	百十万千百十元角分	百十万千百十元角分	百十万千百十元角分	百十万千百十元角分	百十万千百十元角分

级科目编号及名称

年		凭证号数	摘要										
月	日			百十万千百十元角分	百十万千百十元角分	百十万千百十元角分	百十万千百十元角分	百十万千百十元角分	百十万千百十元角分	百十万千百十元角分	百十万千百十元角分	百十万千百十元角分	百十万千百十元角分

______级科目编号及名称______________

年		凭证号数	摘要																																																																																										
月	日			百	十	万	千	百	十	元	角	分	百	十	万	千	百	十	元	角	分	百	十	万	千	百	十	元	角	分	百	十	万	千	百	十	元	角	分	百	十	万	千	百	十	元	角	分	百	十	万	千	百	十	元	角	分	百	十	万	千	百	十	元	角	分	百	十	万	千	百	十	元	角	分	百	十	万	千	百	十	元	角	分	百	十	万	千	百	十	元	角	分

______级科目编号及名称______________

年		凭证号数	摘要																																																																																												
月	日			百	十	万	千	百	十	元	角	分	百	十	万	千	百	十	元	角	分	百	十	万	千	百	十	元	角	分	百	十	万	千	百	十	元	角	分	百	十	万	千	百	十	元	角	分	百	十	万	千	百	十	元	角	分	百	十	万	千	百	十	元	角	分	百	十	万	千	百	十	元	角	分	百	十	万	千	百	十	元	角	分	百	十	万	千	百	十	元	角	分

七、应交税费明细账

应交税费(增值税)明细账

年		凭证		摘要	借方																																								贷方																																								借或贷	余额						
					进项税额								已交税费								减免税款								转出未交增值税								合计								销项税额								进项税额转出								出口退税								转出多交增值税								合计															
月	日	种类	号数		十	万	千	百	十	元	角	分	十	万	千	百	十	元	角	分	十	万	千	百	十	元	角	分	十	万	千	百	十	元	角	分	十	万	千	百	十	元	角	分	十	万	千	百	十	元	角	分	十	万	千	百	十	元	角	分	十	万	千	百	十	元	角	分	十	万	千	百	十	元	角	分	十	万	千	百	十	元	角	分		十	万	千	百	十	元	角

应交税费(增值税)明细账

年		凭证		摘要	借方					贷方					借或贷	余额
					进项税额	已交税费	减免税款	转出未交增值税	合计	销项税额	进项税额转出	出口退税	转出多交增值税	合计		
月	日	种类	号数		十万千百十元角分	十万千百十元角分	十万千百十元角分	十万千百十元角分	十万千百十元角分	十万千百十元角分	十万千百十元角分	十万千百十元角分	十万千百十元角分	十万千百十元角分		十万千百十元角分

应交税费(增值税)明细账

年		凭证		摘要	借方																																							贷方																																							借或贷	余额							
					进项税额								已交税费								减免税款								转出未交增值税								合计								销项税额								进项税额转出								出口退税								转出多交增值税								合计																
月	日	种类	号数		十	万	千	百	十	元	角	分	十	万	千	百	十	元	角	分	十	万	千	百	十	元	角	分	十	万	千	百	十	元	角	分	十	万	千	百	十	元	角	分	十	万	千	百	十	元	角	分	十	万	千	百	十	元	角	分	十	万	千	百	十	元	角	分	十	万	千	百	十	元	角	分	十	万	千	百	十	元	角	分		十	万	千	百	十	元	角	分

应交税费(增值税)明细账

年		凭证		摘要	借方					贷方					借或贷	余额
					进项税额	已交税费	减免税款	转出未交增值税	合计	销项税额	进项税额转出	出口退税	转出多交增值税	合计		
月	日	种类	号数		十万千百十元角分	十万千百十元角分	十万千百十元角分	十万千百十元角分	十万千百十元角分	十万千百十元角分	十万千百十元角分	十万千百十元角分	十万千百十元角分	十万千百十元角分		十万千百十元角分

八、总分类账

年		凭证号数	摘要	✓	借方											贷方											借或贷	余额										
月	日				亿	千	百	十	万	千	百	十	元	角	分	亿	千	百	十	万	千	百	十	元	角	分		亿	千	百	十	万	千	百	十	元	角	分

年		凭证号数	摘要	✓	借方											贷方											借或贷	余额										
月	日				亿	千	百	十	万	千	百	十	元	角	分	亿	千	百	十	万	千	百	十	元	角	分		亿	千	百	十	万	千	百	十	元	角	分

年		凭证号数	摘要	√	借方											贷方											借或贷	余额										
月	日				亿	千	百	十	万	千	百	十	元	角	分	亿	千	百	十	万	千	百	十	元	角	分		亿	千	百	十	万	千	百	十	元	角	分

年		凭证号数	摘要	√	借方											贷方											借或贷	余额										
月	日				亿	千	百	十	万	千	百	十	元	角	分	亿	千	百	十	万	千	百	十	元	角	分		亿	千	百	十	万	千	百	十	元	角	分

年		凭证号数	摘要	✓	借方											贷方											借或贷	余额										
月	日				亿	千	百	十	万	千	百	十	元	角	分	亿	千	百	十	万	千	百	十	元	角	分		亿	千	百	十	万	千	百	十	元	角	分

年		凭证号数	摘要	✓	借方											贷方											借或贷	余额										
月	日				亿	千	百	十	万	千	百	十	元	角	分	亿	千	百	十	万	千	百	十	元	角	分		亿	千	百	十	万	千	百	十	元	角	分

年		凭证号数	摘要	✓	借方											贷方											借或贷	余额										
月	日				亿	千	百	十	万	千	百	十	元	角	分	亿	千	百	十	万	千	百	十	元	角	分		亿	千	百	十	万	千	百	十	元	角	分

年		凭证号数	摘要	✓	借方											贷方											借或贷	余额										
月	日				亿	千	百	十	万	千	百	十	元	角	分	亿	千	百	十	万	千	百	十	元	角	分		亿	千	百	十	万	千	百	十	元	角	分

年		凭证号数	摘要	√	借方											贷方											借或贷	余额										
月	日				亿	千	百	十	万	千	百	十	元	角	分	亿	千	百	十	万	千	百	十	元	角	分		亿	千	百	十	万	千	百	十	元	角	分

年		凭证号数	摘要	√	借方											贷方											借或贷	余额										
月	日				亿	千	百	十	万	千	百	十	元	角	分	亿	千	百	十	万	千	百	十	元	角	分		亿	千	百	十	万	千	百	十	元	角	分

年		凭证号数	摘要	√	借方											贷方											借或贷	余额										
月	日				亿	千	百	十	万	千	百	十	元	角	分	亿	千	百	十	万	千	百	十	元	角	分		亿	千	百	十	万	千	百	十	元	角	分

年		凭证号数	摘要	√	借方											贷方											借或贷	余额										
月	日				亿	千	百	十	万	千	百	十	元	角	分	亿	千	百	十	万	千	百	十	元	角	分		亿	千	百	十	万	千	百	十	元	角	分

年		凭证号数	摘要	√	借方											贷方											借或贷	余额										
月	日				亿	千	百	十	万	千	百	十	元	角	分	亿	千	百	十	万	千	百	十	元	角	分		亿	千	百	十	万	千	百	十	元	角	分

年		凭证号数	摘要	√	借方											贷方											借或贷	余额										
月	日				亿	千	百	十	万	千	百	十	元	角	分	亿	千	百	十	万	千	百	十	元	角	分		亿	千	百	十	万	千	百	十	元	角	分

年		凭证号数	摘要	✓	借方											贷方											借或贷	余额										
月	日				亿	千	百	十	万	千	百	十	元	角	分	亿	千	百	十	万	千	百	十	元	角	分		亿	千	百	十	万	千	百	十	元	角	分

年		凭证号数	摘要	✓	借方											贷方											借或贷	余额										
月	日				亿	千	百	十	万	千	百	十	元	角	分	亿	千	百	十	万	千	百	十	元	角	分		亿	千	百	十	万	千	百	十	元	角	分

年		凭证号数	摘要	✓	借方											贷方											借或贷	余额										
月	日				亿	千	百	十	万	千	百	十	元	角	分	亿	千	百	十	万	千	百	十	元	角	分		亿	千	百	十	万	千	百	十	元	角	分

年		凭证号数	摘要	✓	借方											贷方											借或贷	余额										
月	日				亿	千	百	十	万	千	百	十	元	角	分	亿	千	百	十	万	千	百	十	元	角	分		亿	千	百	十	万	千	百	十	元	角	分

年		凭证号数	摘要	✓	借方											贷方											借或贷	余额										
月	日				亿	千	百	十	万	千	百	十	元	角	分	亿	千	百	十	万	千	百	十	元	角	分		亿	千	百	十	万	千	百	十	元	角	分

年		凭证号数	摘要	✓	借方											贷方											借或贷	余额										
月	日				亿	千	百	十	万	千	百	十	元	角	分	亿	千	百	十	万	千	百	十	元	角	分		亿	千	百	十	万	千	百	十	元	角	分

年		凭证号数	摘要	✓	借方											贷方											借或贷	余额										
月	日				亿	千	百	十	万	千	百	十	元	角	分	亿	千	百	十	万	千	百	十	元	角	分		亿	千	百	十	万	千	百	十	元	角	分

年		凭证号数	摘要	✓	借方											贷方											借或贷	余额										
月	日				亿	千	百	十	万	千	百	十	元	角	分	亿	千	百	十	万	千	百	十	元	角	分		亿	千	百	十	万	千	百	十	元	角	分

年		凭证号数	摘要	√	借方											贷方											借或贷	余额										
月	日				亿	千	百	十	万	千	百	十	元	角	分	亿	千	百	十	万	千	百	十	元	角	分		亿	千	百	十	万	千	百	十	元	角	分

年		凭证号数	摘要	√	借方											贷方											借或贷	余额										
月	日				亿	千	百	十	万	千	百	十	元	角	分	亿	千	百	十	万	千	百	十	元	角	分		亿	千	百	十	万	千	百	十	元	角	分

年		凭证号数	摘要	✓	借方											贷方											借或贷	余额										
月	日				亿	千	百	十	万	千	百	十	元	角	分	亿	千	百	十	万	千	百	十	元	角	分		亿	千	百	十	万	千	百	十	元	角	分

年		凭证号数	摘要	✓	借方											贷方											借或贷	余额										
月	日				亿	千	百	十	万	千	百	十	元	角	分	亿	千	百	十	万	千	百	十	元	角	分		亿	千	百	十	万	千	百	十	元	角	分

年		凭证号数	摘要	✓	借方											贷方											借或贷	余额										
月	日				亿	千	百	十	万	千	百	十	元	角	分	亿	千	百	十	万	千	百	十	元	角	分		亿	千	百	十	万	千	百	十	元	角	分

年		凭证号数	摘要	✓	借方											贷方											借或贷	余额										
月	日				亿	千	百	十	万	千	百	十	元	角	分	亿	千	百	十	万	千	百	十	元	角	分		亿	千	百	十	万	千	百	十	元	角	分

年		凭证号数	摘要	✓	借方											贷方											借或贷	余额										
月	日				亿	千	百	十	万	千	百	十	元	角	分	亿	千	百	十	万	千	百	十	元	角	分		亿	千	百	十	万	千	百	十	元	角	分

年		凭证号数	摘要	✓	借方											贷方											借或贷	余额										
月	日				亿	千	百	十	万	千	百	十	元	角	分	亿	千	百	十	万	千	百	十	元	角	分		亿	千	百	十	万	千	百	十	元	角	分

年		凭证号数	摘要	✓	借方											贷方											借或贷	余额										
月	日				亿	千	百	十	万	千	百	十	元	角	分	亿	千	百	十	万	千	百	十	元	角	分		亿	千	百	十	万	千	百	十	元	角	分

年		凭证号数	摘要	✓	借方											贷方											借或贷	余额										
月	日				亿	千	百	十	万	千	百	十	元	角	分	亿	千	百	十	万	千	百	十	元	角	分		亿	千	百	十	万	千	百	十	元	角	分

年		凭证号数	摘要	✓	借方											贷方											借或贷	余额										
月	日				亿	千	百	十	万	千	百	十	元	角	分	亿	千	百	十	万	千	百	十	元	角	分		亿	千	百	十	万	千	百	十	元	角	分

年		凭证号数	摘要	✓	借方											贷方											借或贷	余额										
月	日				亿	千	百	十	万	千	百	十	元	角	分	亿	千	百	十	万	千	百	十	元	角	分		亿	千	百	十	万	千	百	十	元	角	分

年		凭证号数	摘要	√	借方											贷方											借或贷	余额										
月	日				亿	千	百	十	万	千	百	十	元	角	分	亿	千	百	十	万	千	百	十	元	角	分		亿	千	百	十	万	千	百	十	元	角	分

年		凭证号数	摘要	√	借方											贷方											借或贷	余额										
月	日				亿	千	百	十	万	千	百	十	元	角	分	亿	千	百	十	万	千	百	十	元	角	分		亿	千	百	十	万	千	百	十	元	角	分

年		凭证号数	摘要	✓	借方											贷方											借或贷	余额										
月	日				亿	千	百	十	万	千	百	十	元	角	分	亿	千	百	十	万	千	百	十	元	角	分		亿	千	百	十	万	千	百	十	元	角	分

年		凭证号数	摘要	✓	借方											贷方											借或贷	余额										
月	日				亿	千	百	十	万	千	百	十	元	角	分	亿	千	百	十	万	千	百	十	元	角	分		亿	千	百	十	万	千	百	十	元	角	分

年		凭证号数	摘要	√	借方											贷方											借或贷	余额										
月	日				亿	千	百	十	万	千	百	十	元	角	分	亿	千	百	十	万	千	百	十	元	角	分		亿	千	百	十	万	千	百	十	元	角	分

年		凭证号数	摘要	√	借方											贷方											借或贷	余额										
月	日				亿	千	百	十	万	千	百	十	元	角	分	亿	千	百	十	万	千	百	十	元	角	分		亿	千	百	十	万	千	百	十	元	角	分

年		凭证号数	摘要	✓	借方											贷方											借或贷	余额										
月	日				亿	千	百	十	万	千	百	十	元	角	分	亿	千	百	十	万	千	百	十	元	角	分		亿	千	百	十	万	千	百	十	元	角	分

年		凭证号数	摘要	✓	借方											贷方											借或贷	余额										
月	日				亿	千	百	十	万	千	百	十	元	角	分	亿	千	百	十	万	千	百	十	元	角	分		亿	千	百	十	万	千	百	十	元	角	分

年		凭证号数	摘要	√	借方											贷方											借或贷	余额										
月	日				亿	千	百	十	万	千	百	十	元	角	分	亿	千	百	十	万	千	百	十	元	角	分		亿	千	百	十	万	千	百	十	元	角	分

年		凭证号数	摘要	√	借方											贷方											借或贷	余额										
月	日				亿	千	百	十	万	千	百	十	元	角	分	亿	千	百	十	万	千	百	十	元	角	分		亿	千	百	十	万	千	百	十	元	角	分

年		凭证号数	摘要	✓	借方											贷方											借或贷	余额										
月	日				亿	千	百	十	万	千	百	十	元	角	分	亿	千	百	十	万	千	百	十	元	角	分		亿	千	百	十	万	千	百	十	元	角	分

年		凭证号数	摘要	✓	借方											贷方											借或贷	余额										
月	日				亿	千	百	十	万	千	百	十	元	角	分	亿	千	百	十	万	千	百	十	元	角	分		亿	千	百	十	万	千	百	十	元	角	分

年		凭证号数	摘要	✓	借方											贷方											借或贷	余额										
月	日				亿	千	百	十	万	千	百	十	元	角	分	亿	千	百	十	万	千	百	十	元	角	分		亿	千	百	十	万	千	百	十	元	角	分

年		凭证号数	摘要	✓	借方											贷方											借或贷	余额										
月	日				亿	千	百	十	万	千	百	十	元	角	分	亿	千	百	十	万	千	百	十	元	角	分		亿	千	百	十	万	千	百	十	元	角	分

年		凭证号数	摘要	✓	借方											贷方											借或贷	余额										
月	日				亿	千	百	十	万	千	百	十	元	角	分	亿	千	百	十	万	千	百	十	元	角	分		亿	千	百	十	万	千	百	十	元	角	分

年		凭证号数	摘要	✓	借方											贷方											借或贷	余额										
月	日				亿	千	百	十	万	千	百	十	元	角	分	亿	千	百	十	万	千	百	十	元	角	分		亿	千	百	十	万	千	百	十	元	角	分

年		凭证号数	摘要	✓	借方											贷方											借或贷	余额										
月	日				亿	千	百	十	万	千	百	十	元	角	分	亿	千	百	十	万	千	百	十	元	角	分		亿	千	百	十	万	千	百	十	元	角	分

年		凭证号数	摘要	✓	借方											贷方											借或贷	余额										
月	日				亿	千	百	十	万	千	百	十	元	角	分	亿	千	百	十	万	千	百	十	元	角	分		亿	千	百	十	万	千	百	十	元	角	分

九、资产负债表

资产负债表

会企 01 表

编制单位：　　　　　　　　年　　月　　日　　　　　　　　单位：元

资产	行次	期末余额	年初余额	负债及所有者权益(或股东权益)	行次	期末余额	年初余额
流动资产：				流动负债：			
货币资金	1			短期借款	30		
交易性金融资产	2			交易性金融负债	31		
衍生金融资产	3			衍生金融负债	32		
应收票据	4			应付票据	33		
应收账款	5			应付账款	34		
应收款项融资	6			预收款项	35		
预付款项	7			合同负债	36		
其他应收款	8			应付职工薪酬	37		
存货	9			应交税费	38		
一年内到期的非流动资产	10			其他应付款	39		
其他流动资产	11			一年内到期的非流动负债	40		
流动资产合计	12			其他流动负债	41		
非流动资产：				流动负债合计	42		
债权投资	13			非流动负债：			
其他债权投资	14			长期借款	43		
长期应收款	15			应付债券	44		
长期股权投资	16			其中：优先股	45		
其他权益工具投资	17			永续债	46		
其他非流动金融资产	18			长期应付款	47		
投资性房地产	19			预计负债	48		
固定资产	20			递延收益	49		
在建工程	21			递延所得税负债	50		
无形资产	22			其他非流动负债	51		
开发支出	23			非流动负债合计	52		
商誉	24			负债合计	53		
长期待摊费用	25			所有者权益(或股东权益)：			
递延所得税资产	26			实收资本(或股本)	54		
其他非流动资产	27			其他权益工具	55		
非流动资产合计	28			其中：优先股	56		
				永续债	57		
				资本公积	58		
				减：库存股	59		
				其他综合收益	60		
				专项储备	61		
				盈余公积	62		
				未分配利润	63		
				所有者权益(或股东权益)合计	64		
资产总计	29			负债及所有者权益(或股东权益)总计	65		

单位负责人：　　　　　　主管会计工作负责人：　　　　　　会计机构负责人：

资产负债表

会企 01 表

编制单位：　　　　年　　月　　日　　　　单位：元

资产	行次	期末余额	年初余额	负债及所有者权益(或股东权益)	行次	期末余额	年初余额
流动资产：				流动负债：			
货币资金	1			短期借款	30		
交易性金融资产	2			交易性金融负债	31		
衍生金融资产	3			衍生金融负债	32		
应收票据	4			应付票据	33		
应收账款	5			应付账款	34		
应收款项融资	6			预收款项	35		
预付款项	7			合同负债	36		
其他应收款	8			应付职工薪酬	37		
存货	9			应交税费	38		
一年内到期的非流动资产	10			其他应付款	39		
其他流动资产	11			一年内到期的非流动负债	40		
流动资产合计	12			其他流动负债	41		
非流动资产：				流动负债合计	42		
债权投资	13			非流动负债：			
其他债权投资	14			长期借款	43		
长期应收款	15			应付债券	44		
长期股权投资	16			其中：优先股	45		
其他权益工具投资	17			永续债	46		
其他非流动金融资产	18			长期应付款	47		
投资性房地产	19			预计负债	48		
固定资产	20			递延收益	49		
在建工程	21			递延所得税负债	50		
无形资产	22			其他非流动负债	51		
开发支出	23			非流动负债合计	52		
商誉	24			负债合计	53		
长期待摊费用	25			所有者权益(或股东权益)：			
递延所得税资产	26			实收资本(或股本)	54		
其他非流动资产	27			其他权益工具	55		
非流动资产合计	28			其中：优先股	56		
				永续债	57		
				资本公积	58		
				减：库存股	59		
				其他综合收益	60		
				专项储备	61		
				盈余公积	62		
				未分配利润	63		
				所有者权益(或股东权益)合计	64		
资产总计	29			负债及所有者权益(或股东权益)总计	65		

单位负责人：　　　　主管会计工作负责人：　　　　会计机构负责人：

资产负债表

会企 01 表

编制单位：　　　　　　　　年　　月　　日　　　　　　　　单位：元

资产	行次	期末余额	年初余额	负债及所有者权益(或股东权益)	行次	期末余额	年初余额
流动资产：				流动负债：			
货币资金	1			短期借款	30		
交易性金融资产	2			交易性金融负债	31		
衍生金融资产	3			衍生金融负债	32		
应收票据	4			应付票据	33		
应收账款	5			应付账款	34		
应收款项融资	6			预收款项	35		
预付款项	7			合同负债	36		
其他应收款	8			应付职工薪酬	37		
存货	9			应交税费	38		
一年内到期的非流动资产	10			其他应付款	39		
其他流动资产	11			一年内到期的非流动负债	40		
流动资产合计	12			其他流动负债	41		
非流动资产：				流动负债合计	42		
债权投资	13			非流动负债：			
其他债权投资	14			长期借款	43		
长期应收款	15			应付债券	44		
长期股权投资	16			其中：优先股	45		
其他权益工具投资	17			永续债	46		
其他非流动金融资产	18			长期应付款	47		
投资性房地产	19			预计负债	48		
固定资产	20			递延收益	49		
在建工程	21			递延所得税负债	50		
无形资产	22			其他非流动负债	51		
开发支出	23			非流动负债合计	52		
商誉	24			负债合计	53		
长期待摊费用	25			所有者权益(或股东权益)：			
递延所得税资产	26			实收资本(或股本)	54		
其他非流动资产	27			其他权益工具	55		
非流动资产合计	28			其中：优先股	56		
				永续债	57		
				资本公积	58		
				减：库存股	59		
				其他综合收益	60		
				专项储备	61		
				盈余公积	62		
				未分配利润	63		
				所有者权益(或股东权益)合计	64		
资产总计	29			负债及所有者权益(或股东权益)总计	65		

单位负责人：　　　　　　　主管会计工作负责人：　　　　　　　会计机构负责人：

十、利润表

利　润　表

会企 02 表

编制单位：　　　　年　　月　　　　单位：元

项　目	行次	金额
一、营业收入	1	
减：营业成本	2	
税金及附加	3	
销售费用	4	
管理费用	5	
研发费用	6	
财务费用	7	
其中：利息费用	8	
利息收入	9	
加：其他收益	10	
投资收益（损失以“—”号填列）	11	
其中：对联营企业和合营企业的投资收益	12	
公允价值变动收益（损失以“—”号填列）	13	
信用减值损失（损失以“—”号填列）	14	
资产减值损失（损失以“—”号填列）	15	
资产处置收益（损失以“—”号填列）	16	
二、营业利润（亏损以“—”号填列）	17	
加：营业外收入	18	
减：营业外支出	19	
三、利润总额（亏损以“—”号填列）	20	
减：所得税费用	21	
四、净利润（净亏损以“—”号填列）	22	
（一）持续经营净利润（净亏损以“—”号填列）	23	
（二）终止经营净利润（净亏损以“—”号填列）	24	
五、其他综合收益的税后净额	25	
六、综合收益总额	26	
七、每股收益：	27	
（一）基本每股收益	28	
（二）稀释每股收益	29	

利　润　表

会企 02 表

编制单位：　　　　年　　月　　　　单位：元

项　　目	行次	金额
一、营业收入	1	
减：营业成本	2	
税金及附加	3	
销售费用	4	
管理费用	5	
研发费用	6	
财务费用	7	
其中：利息费用	8	
利息收入	9	
加：其他收益	10	
投资收益（损失以“－”号填列）	11	
其中：对联营企业和合营企业的投资收益	12	
公允价值变动收益（损失以“－”号填列）	13	
信用减值损失（损失以“－”号填列）	14	
资产减值损失（损失以“－”号填列）	15	
资产处置收益（损失以“－”号填列）	16	
二、营业利润（亏损以“－”号填列）	17	
加：营业外收入	18	
减：营业外支出	19	
三、利润总额（亏损以“－”号填列）	20	
减：所得税费用	21	
四、净利润（净亏损以“－”号填列）	22	
（一）持续经营净利润（净亏损以“－”号填列）	23	
（二）终止经营净利润（净亏损以“－”号填列）	24	
五、其他综合收益的税后净额	25	
六、综合收益总额	26	
七、每股收益：	27	
（一）基本每股收益	28	
（二）稀释每股收益	29	